清代工商业纠纷与裁判

——以巴县档案为视点

付春杨　著

武汉大学出版社

图书在版编目(CIP)数据

清代工商业纠纷与裁判:以巴县档案为视点/付春杨著. —武汉:武汉大学出版社,2016.9
ISBN 978-7-307-18534-0

Ⅰ.清… Ⅱ.付… Ⅲ.工商企业—经济纠纷—处理—研究—中国—清代 Ⅳ.D922.292.4

中国版本图书馆 CIP 数据核字(2016)第 193846 号

责任编辑:钱 静　　责任校对:汪欣怡　　版式设计:马 佳

出版发行:武汉大学出版社 (430072 武昌 珞珈山)
(电子邮件:cbs22@whu.edu.cn 网址:www.wdp.com.cn)
印刷:虎彩印艺股份有限公司
开本:720×1000 1/16　印张:11.75　字数:168 千字　插页:1
版次:2016 年 9 月第 1 版　2016 年 9 月第 1 次印刷
ISBN 978-7-307-18534-0　定价:28.00 元

目　　录

引言：清代巴县工商业概貌

“维巴之城，维石岩上。”① 巴县是现今重庆主城区的古称。巴县的历史非常悠久，《尚书·禹贡》记载巴县属于九州中梁州之域。周武王克殷后，封姬姓于巴，授以子爵，首府在江州。春秋时期，巴县是巴国的都城。蜀主伐苴，苴侯逃亡到巴，巴国向秦国求救，秦国派遣张仪救援苴、巴。不料张仪灭蜀之后，反而将巴王抓回秦国，改巴国为秦之巴郡。后汉初平元年，刘璋将巴郡治所迁至安汉，从巴郡中分置永宁郡，仍治江州。建安六年恢复巴郡之名。晋朝改巴郡为巴都郡。南朝宋、齐仍然用巴郡之名。梁设置楚州。西魏改称巴州。后周改名巴城县，嗣后改称巴县。此后巴县的名称又经历了数次变更，隋朝先改渝州复改巴郡；唐朝恢复渝州，之后改南平郡。五代仍称渝州。宋崇宁元年渝州赵谂涉嫌谋反被处死刑，宋徽宗改其乡里渝州为恭州，淳熙十五年恭州又因曾为光宗赵惇潜藩升为重庆府，治巴县。元、明、清因之不变。②

巴县地势险要，四面环山，江水迴绕。“渝州虽东川腹壤，然而石城削天，字水盘廓。山则九十九峰飞拴揽锁于缙云、佛图间；内水则嘉陵、白水会羌、涪、宕渠来自秦；外水则岷、沫衣带会金沙来自滇，赤水来自黔，俱虹盘渝城下，遥牵吴楚闽越两粤之舟。昔人以地属必争置重镇。”③ 巴县坐落于长江、嘉陵江交汇处，依山傍水，是山城亦是江城。地势险要，易守难攻，历来是兵家必争之地。

---

① （清）王尔鉴：《乾隆巴县志》卷首·城图·王尔鉴铭文。

② 参见（清）王尔鉴：《乾隆巴县志》卷一·沿革。

③ 参见（清）王尔鉴：《乾隆巴县志》卷一·形胜。

巴县与重庆府和顺庆府的多个县相邻，水陆交通十分发达。正东方向经陆路二百里可以到达和长寿县交界的沙溪，由沙溪走六十里可抵达长寿县城；水路由大江顺水行一百五十里至与长寿县交界的石门溪，由石门溪行三十里也可抵达长寿县城。东南方向经陆路一百八十里可至与南川县交界的天赐店，由天赐店界牌走六十里可抵达南川县城。正南方向经陆路二百里至与綦江县交界的犁牛铺，由犁牛铺行五十里可抵达綦江县城。西南方向经陆路一百里至与江津县交界的双鹤场，由双鹤场界牌行三十里可抵达江津县城；水路由岷江逆水行一百一十里至与江津县交界的黄溪沼，由黄溪沼行二十里也可抵达江津县城。正西方向经陆路八十里至与璧山县交界的走马岗，是赴成都的驿路；此外西北方向可由高店虎溪河至与璧山县交界的金剑山，由金剑山走十五里可抵达璧山县城，是解银、解犯赴县寄监、库大路；由璧山县西南至马坊桥仍入赴成都驿路。西北方向经陆路一百四十里可至与铜梁县交界的虎耳头，由虎耳头行五十里可抵达铜梁县城。正北方向经陆路一百七十里可至与合州交界的风垭，由风垭行六十里抵达合州城；水路由嘉陵江逆水航行一百五十里可至与合州交界的草街子，由草街子行六十里也可抵达合州城。另外正北方向经陆路二百六十里可至华莹山顶，一百五十里抵达岳池县城。东北方向经陆路一百六十里可至与顺庆府邻水县交界的大面坡，由大面坡行一百七十里可抵邻水县城。巴县县域东西广二百八十里，南北袤三百六十里。由陆路至成都的距离为九百七十里。①

巴县的行政区划在清代曾有过几次变更。康熙四十六年，知县孔毓忠改编二十九坊二十一厢，确定了清代巴县的基本行政区划。城内设坊，城外置厢。城内二十九坊为：太平坊、宣化坊、巴字坊、东水坊、翠微坊、朝天坊、金沙坊、西水坊、千厮坊、治平坊、崇因坊、华光坊、洪崖坊、临江坊、定远坊、杨柳坊、神仙坊、渝中坊、莲花坊、通达坊、金汤坊、双烈坊、太善坊、南纪坊、凤凰坊、云壁坊、金紫坊、储奇坊、人和坊。城外十五厢是：

① （清）王尔鉴：《乾隆巴县志》卷一·幅员。

太平厢、太安厢、东水厢、丰碑厢、朝天厢、西水厢、千厮厢、洪崖厢、临江厢、定远厢、望江厢、南纪厢、金紫厢、储奇厢、人和厢。江北六厢：一阳厢、石梁厢、金沙厢、宝益厢、落伽厢、莺花厢。① 坊厢之外是乡里，孔毓忠将巴县的乡里改编为十二里，每里十甲，计有：忠里、孝里、廉里、节里、仁里、义里、礼里、智里、慈里、祥里、正里、直里。② 乾隆二十五年因考虑嘉陵江每年夏天涨水，隔江的居民赴城不便，省府奏请中央朝廷从十二里中分出义、礼两里并仁里上六甲转归江北厅管辖，又以祥里之一甲至八甲转归壁山县管辖。这样原来巴县的十二里变成了十里，即忠、孝、廉、节、仁、智、慈、祥、正、直十里。③ 此后巴县的行政区划似乎还有过一次变更，祥里取消了。据《道光四年巴县保甲烟户男丁女口花名总册》④ 记载，其时渝城内外有四十二坊厢（城内28坊，城外14厢），居义、怀石、西城三乡（忠、孝、廉、节、智、仁、慈、正、直九里八十四甲分属三乡）及七十五场。

四川经济在明代已有一定的发展。万历年间，四川总人口26万余户，310万口；耕地面积达到1348万余亩。但是明末的连年战争对四川经济破坏极大，清初四川省田地几乎完全荒芜。康熙二十四年，四川全省耕地只有170多万亩，田赋岁入仅3万余两。为恢复经济，清政府制定了一系列优惠政策，一方面招徕流落外地的川民返回故里，另一方面鼓励外省农民进川开垦。经过数十年的移

---

① （清）王尔鉴：《乾隆巴县志》卷二·坊厢。

② （清）王尔鉴：《乾隆巴县志》卷二·乡里。

③ 熊家彦：《同治巴县志》卷一。但《清实录》记载略有差异：乾隆二十一年十一月庚子，吏部议准、四川总督开泰奏称，重庆府巴县附府事繁。所辖缙云山岭以西之祥、直二乡共十二甲。接壤璧山县。应分归管辖。岁科考文武童生。即赴璧山应试。其嘉陵江以北之义、礼二乡、并仁乡等二十六甲分归江北镇同知管辖。并改重庆府司狱、为江北镇同知照磨。衙署以司狱旧署移建。文武童生仍归巴县考试。其江北镇同知、璧山县知县、并改设之照磨俱归部选。从之。

④ 四川大学历史系、四川省档案馆：《清代乾嘉道巴县档案选编》下册，四川大学出版社1989年版，第340~341页。

民垦荒，土地渐辟，经济复苏。雍正年间，四川耕地面积已增至2100余万亩，乾嘉时进一步增加到4600万亩。① 随着经济的恢复与发展，商品流通也日渐活跃。位于四川盆地长江口的重庆逐渐成为四川与内地联系的主要通道，成为四川也是长江上游最大的商业城市和货物集散中心。光绪二年，中英《烟台条约》规定英国可向重庆派驻领事，其后的《新订烟台条约续增专条》，确定重庆作为通商口岸。随后英商开辟从宜昌到重庆的轮船航线，重庆正式开埠。重庆自近代开埠后，四川乃至整个西南地区的经济中心自川西盆地逐步转移到川东的长江河道沿线。重庆繁荣的工商经济从近代以至现代一直延续下来。

“渝城系三江总汇，上通云南贵州，下通湖广陕西”，自“临江门搭船至磁器口，逆水四十余里；磁器口搭船至临江门，顺水三十余里，系水陆冲衢……每日经过客商络绎不绝”。② 巴县自古就是四川东部政治、经济、军事、文化的中心以及整个西南地区商业最繁华的城镇之一，清代巴县是川东道首府重庆府的首县。巴县的地理位置陆路可以深入川中，水路则直通湖广。重庆所拥有的水陆交通的便利，使其成为物资汇集、商品流通的重要枢纽。“蜀为沃野，井盐之富、丝麻皮革药物之饶，外人艳称尔。重庆当二江合流，有舟航转运之利，蜀西南北旁及康藏以至滇黔之一隅，商货出入输会必于重庆，故重庆者，蜀物所萃，亦四方商贾辐辏地也。”③ 四川物产丰茂，富有井盐、丝麻、皮革，盛产药材，而巴县又是蜀地物资流通的枢纽，自然也是商家云集的场所。关于巴县贸易的兴盛、商业的繁荣，《乾隆巴县志》中有生动的表述：“巴一叶云浮，万家烟聚，坊厢廛市。傍壑凌岩，吴楚粤滇黔秦豫之贸迁来者，九门舟集如蚁。陆则受廛，水则结舫，计城关大小街巷二百四十余

① 参见梁方仲：《中国历代户口田地田赋统计》，上海人民出版社1980年版，第380、387、415页。

② 四川大学历史系、四川省档案馆主编：《清代乾嘉道巴县档案选编》上册，四川大学出版社1989年版，第409页。

③ 向楚等：《民国巴县志》卷十二·商业，第5页。

道，酒楼茶舍与市关铺房鳞次绣错，攘攘者肩摩踵接。”① 舟楫往来、客商云集、街市繁华正是巴县的生动写照。巴县的繁盛应是由来已久，尽管明末动乱之中巴县也受到一定程度影响，但康熙二十年（1681年）清朝平定三藩之乱后，即着力四川善后，从战争废墟中恢复和重建重庆社会秩序。此后到1912年清朝结束共二百三十一年，中间虽然历经太平天国战争等历次重大战乱，重庆辖境叠被波及，但重庆城区却没有受战争影响。二百余年的和平环境为重庆城市社会经济的发展提供了良好机会，长时段、连续性的稳定发展，是长江沿江各大城市中所仅有的特例。② 道光年间，重庆已发展成为一个颇具规模的商业城市。凭借其优越的地理位置，该城的流通所及不仅可达四川本省各府以及相邻的湘鄂陕豫、云贵、西藏等省区，而且远及江浙闽广，成为长江上游和西南地区最大的流通枢纽城市。以外来客商的经营活动为中心，形成了一整套商业、服务业体系，构成重庆城市经济的主体，并左右着本城大部分居民的生计。③

考察巴县人口的社会职业分布，可以让我们对巴县的工商业发展概况有一个基本的了解。按前文所述道光四年的数据，渝城内外四十二坊厢（城内28坊，城外14厢），居义、怀石、西城三乡，忠孝廉节智仁慈正直九里八十四甲，并连接大小七十五场，土著流寓、当佃铺店、庙宇居民共八万二千零五十三户，男女总共三十八万六千四百七十八丁口。④那么这三十多万人中除去老人小孩，有劳动能力者都从事何种职业，如何谋生？

巴县有城有乡，基于不同的区位和资源条件，整个巴县大致形

① （清）王尔鉴：《乾隆巴县志》卷二·坊厢。

② 陈亚平：《清代商人组织的概念分析——以18—19世纪重庆为例》，载《清史研究》2009年第1期，第55页。

③ 许檀：《清代乾隆至道光年间的重庆商业》，载《清史研究》1998年第3期，第39页。

④ 四川大学历史系、四川省档案馆主编：《清代乾嘉道巴县档案选编》下册，“道光四年巴县保甲烟户男丁女口花名总册”，四川大学出版社1989年版，第340~341页。

成了五种不同特色的社区。它们以巴县官府所在地“渝城”为核心，由居于渝城的“坊”向位居其次的“厢”、处于外围的“农业区”次第延伸。而具有“工业社区”雏形的红炉老厂则可视为巴县的一类特别社区。在广大的农业社区之中又以“场镇”为核心形成一圈一圈的波状扩散，从而复制以“渝城”为核心的波状扩散。“场镇”既是巴县五类特色社区大系统的近似于“厢”、“坊”的一类社区结构，也是次一级系统的核心。① 场镇在大格局中地属偏远，但在小格局中又是相对的中心。

首先看居于城中的“坊”。据《嘉庆十八年四月二十八日巴县紫金坊、灵壁坊的社会职业成分统计表》，这两坊总共有534户，其中：

金融业：钱铺41、银铺1、钱桌生理5，共47户。

手工业、商业：手艺31、铁铺2、铜铺1、针铺3、刻书1、剃头铺11、染房3、浆洗房1、伞铺4、扇铺14、板主1、砖瓦铺2、油漆铺1、蜡烛铺5、香铺2、烟铺11、酒铺9、茶铺12、京果铺8、菜铺17、杂粮铺3、米铺24、面房1、粉铺2、糕铺1、油盐铺5、酱园铺5、卖肉7、卖鸡1、卖蛋1、豆腐铺3、油果铺1、盐梅铺1、棉衣铺2、麻铺3、布铺4、帽铺3、鞋铺4、毡子房1、线铺1、卖炭11、竹厂2、木货铺2、收牛皮1、小生意71、书铺1、纸铺11、红纸作坊1、花铺1、玉器铺1、罗盘铺1、卖广货1、开行6、挂平2，共324户。

服务业：饭铺13、开馆3、栈房20、厨子2、当铺2、医生5、下力52、挑水3、轿铺5，共105户。

其他情况：孀居3、差役12、坐家5、出外生理1、教书2、唱戏1、算命生理2、佃耕3、收租3，记载不清的有26户，共58户。②

---

① 龚义龙：《试析清代巴蜀地区的人口压力及其缓解途径》，http://economy.guoxue.com/?p=6966，2013年10月29日。

② 四川大学历史系、四川省档案馆主编：《清代乾嘉道巴县档案选编》下册，四川大学出版社1989年版，第318~319页。

这个数据中孀居一项不涉职业，坐家不知何意，但除此之外，大体上的参考意义还是有的，即从统计看两坊人口的绝大部分系工商业者。

再看城外之“厢”。据《乾隆卅八年三月定远厢人口社会构成统计表》,① 定远厢总户数 300 家，社会职业构成：卖米 7、饭馆 1、布铺 1、买茶 2、米铺 23、香铺 1、卖烟 2、油铺 3、手中铺 1、卖采 23、轿铺 9、糕铺 1、卖木 27、鞋铺 3、杂货铺 5、卖竹 1、开铺 1、抬木 19、卖柴 15、饭铺 5、抬石 4、卖水 16、药铺 2、剃头 6、卖煤 3、蜡铺 1、豆腐 5、卖糕 2、烟铺 3、抬轿 2、卖汤圆 1、酒铺 2、皮房 2、糖房 1、府役 1、糟房 1、做厨 2、裁缝 4 、左堂占役 3、草鞋铺 5、巴县占役 2、纸马铺 2、府堂占役 1、渡船 24、做香 1、背货 3、做扇子 1、机房 1、铁货 1、石匠 1、抬米 1、测字 1、煤炭 4、屠户 3、架（驾）户 13、架船 7、做戏 2、开行 2、孤老 1、木匠 1、和尚 4、腊心 6、读书 2。定远厢的户口构成中，除衙门差役 6 户，孤老 1 户、和尚 4 户、读书 2 户，以及未知何解的腊心 6 户外，同样绝大多数属于工商业者。

巴县的红炉老厂则是一个以打制铁器为核心产业而发展起来的“工业社区”，围绕着铁器打制形成了以经营商业、手工业、佣工及其他服务为主的职业结构，尽管清代的冶铁业或许只能算是比较简单的生产方式，但红炉老厂业已初具“工业社区”的雏形。据《嘉庆十八年五月十九日红炉老厂户口社会构成统计表》②，嘉庆十八年（1813 年）五月十九日，红炉老厂总户数为 208 户。其中：

主导产业——打铁：打铁、卖铁器铺 108 户，炭厂卖炭 8 户，共 116 户。

商业：酒房 14、卖油 3、杂货 1、卖米 1、小贩 5、药铺 3，共 27 户。

---

① 四川大学历史系、四川省档案馆主编：《清代乾嘉道巴县档案选编》下册，四川大学出版社 1989 年版，第 310~311 页。

② 四川大学历史系、四川省档案馆主编：《清代乾嘉道巴县档案选编》下册，四川大学出版社 1989 年版，第 320 页。

手工业：皮匠1、画匠1、裁缝3，共5户。

营工：21户。

其他服务业：栈房2、屠宰4、住家10、种土15、其他8，共39户。

红炉老厂经营打铁及打铁相关行业的人户占了全部居民户数的一半以上，区位产业特点非常明显。

城里的坊、城外的厢包括这个红炉老厂都在巴县城中或离城不远的地方。相比较而言，乡里距离城关较远。

乡里实际上是乡下有里，乡里的基本单位是里，里下划分有甲。乡里的人口构成数据我们在巴县档案中也可以找到一些例子：

嘉庆十八年，节里八甲户口构成①：总户数171户，耕田户96，佃田户29，佃土户26，买卖户7，佣工户10，僧户3。农业户占88%。

嘉庆十八年，仁里十甲户口构成②：总户数82户，粮户23，耕田29，种土24，贸易2，训蒙2，医生1，木匠1。农业户占73%。

嘉庆十九年，孝里七甲户口构成③：总户数204户，人口904人，其中男人542，女人362，一至三人户数有75户，四至六人有103户，七人以上有26户。职业构成：载粮16户，其中六分至一钱者1户，一至五钱者8户，五钱至一两者3户，一两以上者4户。自耕28户，佃耕16户，佃土131户，开店1户，打鱼1户，贸易1户，手艺1户，不详9户。载粮、自耕、佃耕、佃土应该都

---

① 四川大学历史系、四川省档案馆主编：《清代乾嘉道巴县档案选编》下册，《嘉庆十八年五月节里八甲户册户口社会构成统计表》，四川大学出版社1989年版，第319页。

② 四川大学历史系、四川省档案馆主编：《清代乾嘉道巴县档案选编》下册，《嘉庆十八年仁里十甲烟户清册户口社会构成统计表》，四川大学出版社1989年版，第320页。

③ 四川大学历史系、四川省档案馆主编：《清代乾嘉道巴县档案选编》下册，《嘉庆十九年孝里七甲人口自然构成统计表》、《嘉庆十九年孝里七甲烟册户口社会统计表》，四川大学出版社1989年版，第320~321页。

是农业户，农业户占总人口的93%。

巴县乡里还有一种叫做“团”的组织，看规模和“甲”相当，也可能即是某甲的别称。据《嘉庆十二年二月二十八日慈里六甲石柱团家庭人口结构》① 统计，巴县慈里六甲石柱团共有159户、865人，其中，其他行业8户、36人，包括行医1户、2人，粮差1户、5人，雇工2户、13人，裁缝1户、6人，木匠2户、7人，贩米1户、3人。算上雇工2户、13人，石柱团从事行医、当粮差、裁缝、木匠、贩米等非农户数占总户数的5.03%，非农人口占总人口的4.16%。其他95%以上的居民主要从事农业生产。

上面几例中乡里人口的主要职业均为农业生产，或自耕或佣耕。然而巴县的乡里也有并不以农事为主业的例子。

例如，道光四年仁里九甲冻青团烟册户口构成②：总户数149户，人口715人，男402人，女313人，家庭规模一至三人者40户，四至六人者83户，七人以上26户。其中雇工1人者44户，雇工2人者1户，雇工3人者1户。职业构成：力行21户（下同），下力12，机房3，糟房2，屠行6，炭铺9，挑炭1，茶铺4，酒铺2，饭铺6，米铺2，杂粮2，药铺1，烟干1，篾铺1，道士1，剃头1，裁缝1，木匠2，石匠1，开店11，栈房4，贸易2，行医4，杂货7，草鞋2，营工2，载粮（耕田）10，佃田1，佃土4，驾船8，道艺2，教学2，种土1，卡差1，零星4，打铁2，柴铺1。冻青团的居民中务农者不足十分之一。

另一例，直里六甲道光三年总户数为77户。职业不详者14户，药铺4、饭馆8、干菜3、茶馆12、木匠1、酒馆6、糖房5、面馆3、石匠1、粉馆1、站房1、铁铺2、油房1、茶铺5、银匠1、酒铺2、烟铺1、染房2、纸铺1、花铺1、木铺1。此甲居民貌似多数开店，不知是不是因为在地理位置上有某种优势。

---

① 四川大学历史系、四川省档案馆主编：《清代乾嘉道巴县档案选编》下册，四川大学出版社1989年版，第312~318页。

② 四川大学历史系、四川省档案馆主编：《清代乾嘉道巴县档案选编》下册，四川大学出版社1989年版，第341~342页。

乡里固然以农业为主，但乡里之中尚有“场镇”。如忠里有新市场等八个场镇；孝里有雨路口等六个场镇；廉里有复兴场等九个场镇，节里十一、仁里二十、义里二十、礼里九、智里六、慈里五、祥里十、正里六、直里十。场镇居民主要从事商业、手工业、服务业。“巴境地广阔纵横千余里，越岭渡涧，离城窎远，日用所需，取给场镇，日中为市，以有易无，民咸便之。”① 前面材料中涉及的部分乡里人户不以农事为业极有可能就是因为地理位置临近场镇。在物资流通以肩挑背扛为主的时代，基本的生活服务可在居住地不太远的场镇得到满足，也是一种不可或缺的便利。

据《道光三年十一月冷水场户口册社会构成统计表》②，道光三年（1823 年）十一月，冷水场共有 251 户，其中：

金融业：银铺 5、钱铺 3，共 8 户。

手工业、商业：铁货 6、铁工 2、锡店 1、篾工 1、塑工 1、石工 1、皮工 1、木铺 3、木工 8、泥水 3、剃头 8、裁缝 2、机房 12、打线 1、染房 6、挖炭 1、炭铺 3、油蜡 1、纸火铺 1、衣铺 4、贸易 11、行商 13、布铺 8、油房 4，共 102 户。

服务业：烟店 2、茶馆 10、酒铺糟房 11、糖房 4、面房 1、饭铺 4、厨工 2、栈房 7、干菜 1、糕铺 1、粮米铺 16、豆腐店 2、杂货铺 8，共 69 户。

苦力：零工 24、轿铺 2，共 26 户。

其他情况：行医药铺 15、字画 2、花铺 3、屠行 10、演戏 1、行教 4、种土 1，共 36 户。

从上面的数据可以看出，巴县坊厢甚至农村的场镇商业、手工业都是相当发达的，只有在比较偏远的非中心地带，才是以农业为主，其他地方务农的人很少。

考察巴县的经济发展状况，少不得要涉及巴县的财政状况。照理说地方政府的财政状况应该是和当地工商经济的发展情形密切相

---

① （清）王尔鉴：《乾隆巴县志》卷二·场镇。

② 四川大学历史系、四川省档案馆主编：《清代乾嘉道巴县档案选编》下册，四川大学出版社 1989 年版，第 330~331 页。

关的，但是传统中国往往奉行“藏富于民”的儒家文化，结果就造成表面看来官府收的税额甚微，实际上正常税收根本不足以满足政府的各项开支，于是又不得不用另外征收劳务或无偿征用物资的办法来进行弥补。这就造成地方财政收入往往无法反映当地实际的经济发展状况。关于巴县的财政，《乾隆巴县志》称巴县一年现征丁条银一万七百三十三两九钱九分九厘三毫，存留四千七百二十四两四钱三分二厘，起运六千一十三两五钱六分七厘。这个应该就是巴县的基本税收规模了。乾隆二十六年，巴县分出部分地域划归江北厅和璧山县，应税田地由二万六千一百一十二顷减少为一万六千四百九顷，财政收入也相应减少。全年丁银六千七百八十一两四分一厘，加一五火耗银一千零一十七两一钱五分六厘一毫，五丝正耗共银七千七百九十八两一钱九分七厘一毫。提解扣留共银二千九百二十一两八钱四分，应解银四千八百七十六两三钱五分七厘一毫。① 按巴县档案所载，道光四年巴县人口三十八万，即使以一半人口为成年劳动力，平均每人所缴丁银只合三厘多。而其时全国人口约 4.5 亿，巴县人口占全国人口的万分之八。按道光二十一年全国地丁银收入 2943 万两，巴县丁银收入只占全国丁银收入的万分之二。这个比例似乎也能从一个侧面说明巴县并不以农业为主要的经济形式。

巴县既然以工商经济为主要经济形式，则其必然为较大规模的物资集散地无疑。清代汇集于重庆市场上的商品主要有山货、广货、粮食、药材、染料、竹木、棉花布匹、磁器、铁锅、烟草、糖、酒、丝、麻、绸缎等。其中粮食、药材、染料、木竹及“山货”等项是从四川输出的主要商品，而棉花、磁器、铁锅、烟草以及“广货”则为输入商品。所谓山货主要是指皮革、桐油、白蜡、木耳、竹笋等产自山区的四川（以及西藏、云贵经由四川输出）土产。所谓广货应当也是对某一类商品的总称，不过广货行

① 熊家彦：《同治巴县志》卷二。

经营的内容未见明确记载。① 在这些商品中，重庆市场最大宗的流通物资当属粮食和棉花。由于移民的到来和垦荒的发展，四川的农业生产在清代前期有了长足的发展。康熙二十四年，全省耕地有17261顷18亩，到雍正七年四川的耕地面积达到了459027顷5亩，发生了成倍数的增长。乾隆四十九年，四川耕地面积进一步增加，达到461913顷39亩。② 由于耕地面积的大幅度增加，粮食产量随之增加，四川粮食开始大量外运，从缺粮省一变而为粮食输出省。见于记载的官方粮食的出省运输，每年在30万至40万石之间。③ 清代出川的大批粮食，主要在重庆汇集，“巴为换船总运之所”。④ 小船换大船，小批量集聚为大批量。“渡口于聚米之场”，重庆附近津渡多是粮食汇集的“米口”。重庆岷江上游黄磏渡等16处津渡，其中就有“米口”10处；嘉陵江上游炭坝渡等16处津渡，有“米口”9处；长江下游溉兰溪等9处津渡全是“米口”。⑤ 米口如此之多，米粮运输之繁可见一斑。

一方面，耕地成几何倍数的增长促成了粮食的外运，另一方面，清代由于前文所述移民大举入川带来的人口迅猛增长，到乾隆五十六年，四川人口已达948万。⑥ 由于人口的急剧增长，四川对棉花的需求直线上升，在道光年间，四川省对棉花的需求达到明代棉花需求量的10倍以上。而另一方面，清代四川棉花产量却没有得到相应的大幅度增长，其原因是受到自然条件的制约。棉花是一种地域性很强的作物，喜温好光，生长期长，并且对土壤和水分有

---

① 许檀：《清代乾隆至道光年间的重庆商业》，载《清史研究》1998年第3期，第32~33页。

② 梁方仲：《中国历代户口·田地·田赋统计》，乙表75（清乾隆四十九年各直省人丁、田地及额征田赋数），上海人民出版社1980年版，第398页。

③ 嘉庆《四川通志》卷七十二·食货·仓储。

④ （清）王尔鉴：《乾隆巴县志》卷三·积贮。

⑤ （清）王尔鉴：《乾隆巴县志》卷三·津渡。

⑥ 谢中梁：《二千年间四川的人口》，载《四川大学学报》1978年第3期。

特殊的要求，需水量约为450~650毫米，土壤则以中壤、轻壤和沙壤最适宜。四川盆地的天气阴多晴少，使四川的棉花生产受到极大的限制。四川本省生产的棉花已经远远不能满足本省的需要，必须从省外大量输入棉花。方志记载："乾嘉中土绵不济，岁仰给湖北转运。"① 四川开始从湖北输入棉花。到咸丰年间，出现了"重庆贸易以棉花为大宗"的局面。②

作为西南物资集散地的巴县，少不得也是万商云集之所，巴县工商经济的状况也可从牙行经济的发达见其一斑。清代从事代客买卖之人称牙人或行商，牙行的开设照例需要向官府请给牙帖（行帖）。因此一地牙帖的发放情况可以从一个侧面折射出当地商品经济的繁荣程度，详见表1。

表1　**乾隆年间重庆牙帖及其税额一览表**

类别	张数	税银（两）	类别	张数	税银（两）
山货帖	55	62.5	酒帖	3	3
广货帖	20	27	猪帖	2	2
杂粮帖	12	18.5	纸帖	1	1.5
药材帖	8	9	丝帖	2	2
青靛帖	8	8	西货帖	2	2
竹木帖	6	13	毛货帖	2	2
锅铁帖	7	7	大红帖	2	2
布帖	4	4.5	杉板帖	2	2
磁器帖	3	4	广鱼帖	1	1
纱缎帖	1	1.5	铜铅行	1	3
广货布匹帖	1	1.5	典当行	1	5
姜麻帖	2	2.5	船行帖	2	2.5

① 宣统《广安州新志》卷十二·土产志。

② 向楚：《民国巴县志》卷四·征榷。

续表

类别	张数	税银（两）	类别	张数	税银（两）
油帖	3	3			
油麻帖	1	1	合计	152	188.5

资料来源：《乾隆巴县志》卷三·赋役志。

从表1中我们看到，乾隆年间巴县一共发放了牙帖152张，涉及26个行业，尤以山货、广货、杂粮为众。乾隆年间确定的牙帖种类和数量此后一直沿用，变化甚微。据《同治巴县志》记载，到同治时期，除船行帖取消，其他均维持不变。重庆“为泉化薮……行帖一百五十有余，十倍他邑”。① 领贴开行人数的多少可以视为一个城市商品贸易是否发达的指针之一。由此说明乾隆年间重庆商品的交易额已居全省之首。嘉庆年间，重庆牙行税银为183两5钱；而成都府牙行税银为65两，成都县牙行税银6两，华阳县牙行税银48两，三者相加才120两，② 只相当于重庆牙行税银的65.39%。牙税数额虽然不多，但牙税的多少的确可视为商品贸易繁荣程度的晴雨表。从牙税数额的比较上明显可以看出重庆商业之兴盛及其在四川的商品贸易枢纽的地位。

牙行数目能够说明交易种类的多少，而且间接体现商品交易额的大小。行户的来源也能从另一个侧面见证商业的繁荣。由于官府发放的行帖和实际运营的行商可能存在不一致，嘉庆六年，巴县县令指示八省客长调查在渝行商情况，六月二十四日，八省客长何康远、韩小亭、李成才、李定安、刘景融、郑德新、彭青云、潘同兴就调查情况向官府汇报，报告中称江西省在巴县开行者有40户，湖广省开行者有43户，福建省开行者11户，江南省开行者5户，陕西省开行者6户，广东省2户，保宁府2户。③ 可见，在巴县开

① （清）王尔鉴：《乾隆巴县志》卷三·课税。

② 《嘉庆四川通志》卷六十七·食货·榷政。

③ 四川大学历史系、四川省档案馆主编：《清代乾嘉道巴县档案选编》上册，四川大学出版社1989年版，第252~253页。

行者均系外省客商，这些外省客商之所以不辞劳苦，千里迢迢，来渝开行，正说明在巴县存在着可观的商业机会。充分证明了重庆作为商品集散地的地位。

清代的巴县正是这样一个工商业兴盛发达的地方。居住在巴县城内与城郊的民众甚至乡里的相当一部分人民赖以为生的不是“耕田以食，凿井以饮”的农耕生活，而是锱铢必较的商贾生活。这里四方客商云集，熙熙攘攘，山货出川，广货入渝。而栈房、餐馆、力行、钱铺这些为工商业服务的行当也顺理成章繁盛起来。随之而来的，工商业者之间，工商业者与客户之间，工商业者与为之提供服务的其他人员之间必然产生千丝万缕的关联，在贸易活动中自然也会因同行竞争、因买卖合同、因雇佣关系发生各种纠纷。而工商业者尚承担着官府的大量差务，一定程度上他们的无偿付出是地方政府得以正常运转的一个重要条件。反过来，官府也完全有必要对这些对官府履行了各项义务的工商业者的正常经营活动提供必要支持，这也是官府维持市场秩序、保障工商业活动稳定进行所必需的。于是，工商业者与地方政府之间也不可避免地会发生关联与互动。通过清代巴县工商业纠纷及其裁判，我们可以近距离地考察这些关系的性质。

第一章　合伙纠纷

合伙，在现代民法上被视为一种契约关系规定在债法中，指以契约为纽带结合起来并对外承担无限连带责任的组合体，在商法上则被规定在主体部分，指从事较为固定的营利性活动但不具有法人资格的自然人团体。① 自然，传统社会的合伙不可能完全符合现代合伙的定义。本书考察的合伙系从最宽泛的意义出发，即凡有两个以上自然人或组织以资金或劳动力联合从事某种经营即为合伙，这也应是传统合伙的大致内涵。对于我国传统合伙的起源，有学者认为是西周②，也有学者认为最早的合伙出现在春秋战国时期③，还有学者认为传统合伙源自战国秦汉时期④。大体而言，学者们均认为古代中国的合伙起源甚早。从目前可见的文献中，可以发现清代合伙已经有相当的发展。当然，无论如何，清代合伙与现代合伙还是有重大差异的。

---

① 参见李永军：《民法总论》，法律出版社2006年版，第377页。

② 参见李力：《清代民间契约中关于"伙"的观念和习惯》，载《法学家》2003年第6期。

③ 如邹进文：《古代中西商业合伙经营比较研究》，载《商业经济与管理》1996年第2期；杨在军、张岸元：《关于近代中国股份制起源的探讨》，载《江西社会科学》2003年第1期。

④ 参见刘秋根：《中国古代合伙制初探》，人民出版社2007年版，第6页；陈支平、卢增荣：《从契约文书看清代工商业合股委托经营方式的转变》，载《中国社会经济史研究》2000年第2期。

一、合伙的成立

1. 合伙人

什么人可以成为合伙人，这个问题在现代不成问题，具有完全民事行为能力的人，包括自然人和法人都可以作为合伙人。但是在清代这就是个问题，因为没有哪一条法律规定“民事行为能力”这个概念，甚至“合伙”这个名词也不曾见诸律例。

现代社会，一般来说成年的个人就是民事行为的主体，具有完全民事行为能力，也就能成为合伙人。但是在传统社会，成年的个人并不见得就有完全的民事能力。我们看到的是这样的规定：清律“脱漏户口”条第一款称“凡一户全不附籍，有赋役者家长杖一百”。① 说的是如果某一家没有申报户口，导致偷逃赋役，那么家长要被处以杖一百的处罚。清律“别籍异财”条规定：“凡祖父母、父母在，子孙别立户籍、分异财产者，杖一百”②，意思是祖父母、父母健在，子孙如果分家单过，要处罚杖一百。还有一条，清律“卑幼私擅用财”条称：“凡同居卑幼不由尊长私擅用本家财物者，十两笞二十，每十两加一等，罪止杖一百。”③ 说的是小辈如果不经过尊长同意擅自动用家庭财产的，达到十两要责打二十板，此后每多十两罪加一等（多打十板），最多同样可以处以杖一百的刑罚。清律的这几个条文清楚地告诉我们，清代家庭财产的单位是户，户的代表是家长，家长健在，子孙不可以图谋分家独立，也不可以擅自做主处分任何家庭共有财产，否则都要遭到刑罚制裁。只有家长可以作为家的代表处分家庭财产，并作为家的代表参与商品交易、缔结民事关系。

既然子孙无财产处分权，那么我们似乎可以合理推断，子孙也

① 田涛、郑秦点校：《大清律例》，法律出版社 1999 年版，第 170 页。
② 田涛、郑秦点校：《大清律例》，法律出版社 1999 年版，第 186 页。
③ 田涛、郑秦点校：《大清律例》，法律出版社 1999 年版，第 187 页。

无权作为合伙人出资参与合伙。实际情况是否如此呢?

巴县档案6-4-5861“熊克昌告张必得没银谈生意引起争执互控一案”:张必得说自己的儿子张文元在字水书院读书。咸丰四年正月,外侄文玉亭说合张文元和熊克昌(聚源)合伙开设银匠铺。张文元为此在外私借本银一百两作为出资,双方签订了合伙文约。这事张必得全然不知。结果张文元和熊聚源等嫖赌浪费,致使店铺本银被耗费一空。不得已张文元又回家拿走一些金饰如金圈、金镯、金箍、金环等。五月初,熊聚源向巴县衙门具控,称张文元滥费合伙财产导致折本。五月十六日,张必得闻讯来渝清算,向熊聚源理论,但对方不肯还钱。六月十二日,张必得来衙门控告,要求官府向熊聚源追还张文元的本银和他从家中拿走的金饰。同日熊克昌反诉张必得,称张文元(绍亭)认本一百两,自己出银五十两,就自己原来的店铺改牌合伙。合约签订时,张必得弟兄在场(从卷中所附合伙合同看,在见人张姓只有两人:张辅云、张友云)。但是合约签订后,张文元没有按协议付足本银,只以旧金花作价三十四两,另来银十一两,又当金藤银二十两,余银未付,且在店铺支用银十七两。银铺欠外债四十三两,熊聚源向张文元催交本银,张文元不认亏损,反怂恿父亲张必得喊控官府。官府受理案件后谕令邻里协助理算。街邻张中山等主持清算二人之间的债权债务,得出结论:熊克昌应找补张文元本银四十九两九钱六分。八月初一日,官府按清算结果讯结,将熊聚源押缴。后因临近年底取保释放,限其于正月内还款。但是二月中张必得再次呈告,称对方仍然没有还钱,官府于是出票传唤,但是好像也没有传到,该案就此不了了之。

这份案卷中张必得始终没有正面回应究竟熊聚源和张文元签合伙合同时他是否在场又是否明确表示过同意。不过从判决结果来看,张文元与熊克昌合伙似乎没有得到张必得的正式同意。否则如果合伙的设立没有瑕疵,即使有亏损发生,也理应是由两个合伙人共同承担亏损。那么巴县县令就不会断令熊克昌(除张文元支款外)全额返还张文元合伙本银。尽管最后熊克昌是否依判决向张必得偿还了该笔款项尚不清楚,但判决意旨是明确的。

这个案件中，张必得之子张文元与人合伙开设银匠铺，张必得因见本银亏空要求儿子的合伙人清算还款，得到官府支持，说明父亲健在时，儿子，至少未分家单过的儿子是没有完全资格和能力作为合伙人的。

巴县档案 6-4-5861 中，张文元尚在书院就读，应该尚未成家立业，估计也没有个人的收入，不能作为合伙人在情在理。那么已经分家单过的儿子是否可以出资与人合伙呢？个人认为应该是可以的。

巴县档案 6-3-4652“本城监生权辉先具告范隽修、张可秀豪恶估偏等情一案”：范敦儒和儿子范隽修分别经营不同生意。范敦儒有自己的商号，儿子范隽修则与张可秀合伙开设有集成庆记。可见成年的儿子是可以担任合伙人的。

不过父子之间的这种财产独立是相对的，发生纠纷时，官府可能从保护债权人利益的角度否认父子间的财产独立。巴县档案 6-3-9810“本城郑明发因在渝城以贩运棉花多年欠账，子在外地买棉，返途遇孙尚儒等统多人抢去棉花并诬告人告孙尚儒等一案”：道光二年八月，郑明发让儿子郑奇盛往合兴行买棉花十二包，雇船装运。船抵磁器口准备出发时，被严升泰的伙计孙尚儒、詹老三抢去棉花九包，声称郑全泰（郑明发之子）于嘉庆二十四年欠下严升泰棉花货款。郑明发提出控告。案件审理过程中，郑明发强调郑全泰买棉花欠款的事情他一无所知。郑明发说自己有五个儿子，自幼各务一业。嘉庆十八年已经分家，此后各自账务独立，不与他人相干。但是知县认定郑氏父子均负有还款义务。郑明发不得以分家为由不承担债务。

父子之间不能财产独立，那么兄弟之间是否可以财产独立呢？巴县档案 6-3-4659，六十四岁的谭冠士告弟弟谭冠华伙贸银不分，称与谭冠华合伙做生意，谭冠华欠银三百两。虽然后来官府查明谭冠士、谭冠华弟兄二人并无合伙事实。但是此案中哥哥会以伙账不分为由提出控告，说明亲兄弟也是可以合伙并拥有独立的财产利益的。当然这种合伙应该是在分家单过之后。

兄弟之间如果已经分家，理论上经济应该是独立的，但是司法实践中，兄弟是否要对彼此的债务承担连带责任，并没有明确的处理原则。例如，巴县档案6-3-4675“本城民张树具告刘泰茂估骗欠银不偿一案”：嘉庆十二年十一月初二日，张树拿着刘景周的欠约控告刘泰茂（刘景周之兄）欠草帽银一百四十四两二钱一分。知县批示街坊、乡约协同查理，众人禀复称：“弟兄分居各贸……欠约又无泰茂之名……事问经手，银问该当。”乡邻们认为刘泰茂、刘景周已经分家各自经营，欠条上是刘景周的名字，没有刘泰茂的名字，那么欠款就应由刘景周负责，与刘泰茂无涉。这份档案到此为止，没有下文，估计知县是接受了乡邻的说法。

尽管兄弟分家、责任各担貌似是民间共识，不过州县官们仍然可以不予理会。巴县档案6-3-4716“本城民刘恒涌具告蔡尧辅等掣买鲸吞等事一案”：嘉庆十四年十一月初四日，刘恒涌具控巴县衙门，称蔡尧辅十月初二买刘恒涌黄豆三十二石八斗，付过三十两，尚该五十九两四钱三分。刘恒涌主要告的是蔡尧辅，但蔡尧辅的弟弟蔡尧佐与蔡尧辅分居也被控告在内。初五日，县府庭讯，蔡尧辅不到，县令断令蔡尧佐清缴欠款。十三日，蔡尧佐具限状承诺半月缴清，但至十二月仍未结清。十二月初六，复讯，蔡尧辅仍未到案。十二月初九，再次复讯，蔡尧辅到案，县令断蔡尧辅、蔡尧佐同具限状押追。(不过卷中只有蔡尧辅的限状）十二月十八日，蔡尧辅缴款结案。这个案件中蔡尧辅、蔡尧佐兄弟分居，蔡尧辅开杂粮行欠账本来和蔡尧佐无关，但债主既然将蔡尧佐牵连在内，知县也就顺水推舟，要求蔡尧佐承担连带责任。

大体而言，由于法律没有明文规定，无论什么人，有独立财产应该就可以担任合伙人，但父子、兄弟之间的财产独立有可能是相对的，父亲可以否认儿子的独立资格；如果父子、兄弟中的某一人对外负有债务，官府有可能要求亲子、兄弟承担连带还款责任。官府主张连带清偿目的自然在于解决债务纠纷，但这一现象的存在与传统社会认可家庭本位和家长地位而不承认个人本位也有直接关联。

2. 合伙出资方式

合伙经营的前提是要有一定的资本，合伙的目的也正在于合二人以至更多人的财力、物力从事经营、增加盈利。因此合伙出资是成立合伙的重要一环。清代合伙人的出资方式通常以现金为主，也有少数合伙合同中有一方以非现金方式即劳力、物资或经营权等出资。

合伙人以现金出资是比较常见的出资方式，双方各出一部分现金，金额可以相等，也可以不等。例如，巴县档案 6-3-4610，罗景开、江锦万合伙开厂，合伙合同载明江锦万出银二百八十五两，罗景开出银五十两。巴县档案 6-3-4770“本城职员洪仁具告王忠麟等计外吞害等情一案”中，嘉庆十年，潘源亨与洪仁（洪文翰）伙开恒祥缎店，各出银五百两。巴县档案 6-3-9816“金紫坊张蔼芳因各出银两合伙开设同泰麻行遭勒约霸吞控告徐三元等一案”中，嘉庆十九年，张蔼芳与徐荣九各出银一千五百二十五两合伙开设同泰麻行，凭八省客长议立合约。这几个合伙事例中，合伙人有对等出资的，也有不对等出资的。合伙业务规模不一，合伙人的出资则从几十两到上千两不等。业务规模与出资金额基本上是一致的。

对于合伙人入伙所投入的现金，合伙人可以约定按一定利率支付利息。例如，巴县档案 6-3-4753“嘉庆十六年监生刘光藜为套伙侵吞钱财事具告黄世全一案”：嘉庆九年，刘光藜、黄世全合伙开设万顺钱铺，刘光藜出本二百两，黄世全出银五十两，二人约定这些银两按每两每月一分二厘行息。其余赚折平认。这个利率比通常的借贷利率似乎略低（一般的借贷利率是两分到三分之间）。

现金以外也可以以实物出资。巴县档案 6-3-4752 嘉庆十六年“余仕英为串保图逃事具禀张天明一案”：嘉庆十四年，余仕英和张天明合伙，余仕英以柏木一百二十根出资，折合本银一百六十五两九钱。不过实物出资比较罕见，估计也不能就出资计算利息了。

除现金、实物出资的形式外，部分合伙人也可以以技术/劳力出资，例如巴县档案 6-4-5912“廉八甲尹崇兴告余观远央蚁出银伙装煤炭发卖，管账吞银，估骗不给及朋凶一案”中，嘉庆二十五年七月，尹崇兴与余观远合伙，尹崇兴出本银四十四两，余观远无本，以劳力出资，二人约定盈利三七开。但是以劳力出资一方只可参与分红，不能再接受劳酬。特殊情况下，如果提供劳力的一方合伙人掌握关键技术，那么他除参与盈余分配外尚可获得工资报酬。例如，巴县档案 6-4-5909 "储奇坊唐含章告凌天堂套民合贸霸吞银两不分一案"，咸丰四年十二月初八日，张广顺、凌兴堂、唐含章三人合伙开设银铺，张广顺、凌兴堂各出本银二十五两，唐含章无本，以身出力掌炉。三方合议银铺每年付唐含章工钱三十六千文。盈利三人均分。本例中凌兴堂等三人合伙开设银铺，其中唐含章没有现金可供出资，但他有掌炉技术，故合伙人同意他每年可领取工钱三十六千文，然后参与平分盈利。

合伙人亦可以经营权出资，巴县档案 6-3-7122 "嘉庆二十四年本城节里五甲职员张亿发具诉僧通禅孽阻株案等事一案"：陈绍钦父子从刘长发、罗先朝、僧通禅处顶得矿洞，后因折本难开，另邀张亿发入伙出本六十两共同开挖。此例中陈绍钦父子作为合伙一方以煤矿经营权出资。

巴县档案 6-4-5908，咸丰五年九月初三日，署贵州都匀府丹江通判龙里县知县严锡珍控称父亲严吉泰在嘉庆年间独出资本领贴开设吉泰麻行，宗侄孙严星瑞幼年从江西太和县来川投靠，被严吉泰收留行中，后来在行帮管账务。严吉泰身故后，严锡珍的兄长严锡珪多病，全行交严星瑞掌管，承诺如生意做得好，给其四股代替工资，约定麻行每年公认严锡珍家贴租二百八十两，下余之数照股均分。严锡珍称严星瑞管行三十年，麻行盈余过万金，自己总共只支过三千余金，请求当地官府追究严星瑞侵吞之责。严锡珍并称军事紧急，恐将为国捐躯，惟虑子孙衣食无着。咸丰六年正月二十四日，严星瑞之子严参韩具禀控告，称严锡珍故后吉泰麻行经理人温世杰、郭旭初刁霸私收。二月初二日，温世杰、郭旭初诉称据严星瑞遗嘱，严星瑞与严临先（吉泰）伙贸，严吉泰并未出本。曾经扎算，尚欠债务。麻行应待严星瑞之子严麟传来渝接管。严参韩则称行账上有自己存银八千八百两零，长支只有二百余两，被严星瑞利上滚利，将存项除外反积累债项至四万余两。此案六年十月初十日经调处息结，严参韩四股生意归严麟传经营，严麟传仍按年给慎修堂帖租银，同时严麟传酌补严参韩弟兄银一千四百两。本案因为是调处结案，事实究竟如何不可细考，但从最后的调处结果看，很可能正如严星瑞所说，严吉泰的确未出本钱或投资不多，所以最后麻行归了严星瑞之子。据此，我们可以推断严吉泰原本是行帖的申请人，他投入合伙的资本应该就是行帖及由此代表的经营权。

从上述梳理可知，清代民间合伙出资方式以现金出资为主，但也不排除其他多种出资方式。出资方式的多样化有利于资源的优化配置，也有利于合伙的达成。在现金出资方式上，合伙人投入的股本尚可收取利息，这一点是和现代合伙不同的地方。不过仔细考察会发现先行提取股息仅仅是为平衡出资金额上的差异，提算股息后，无论出资多少一般会约定平分收益和平认亏损。合伙人采取这种模式处理利润分配，其基本认识是资金的差异可以通过股息体现，其他盈余平均分配则是对合伙各方共同参与合伙经营的认同，这种参与因为属于人身性质，与出资额无关。

二、合伙的财产及损益分配

1. 合伙盈利分配与亏损分担

合伙的目的在于获取盈利，当然也有降低损失、分担风险的积极意义。对于合伙的盈利分配和亏损分担，合伙合同一般约定赚折平认。

例如，巴县档案 6-3-7124 嘉庆二十一年“本城民屈生、汪朝上控彭儒魁等一案”：任国祥、易正清、宗清、任国顺、戴裕兴、贺友成、王永正七人合伙在回龙桥石绵洞挖炭，约定收益七人除本均分，折本均认，凭中人黄维贤、戴大海，代笔梁玉书于嘉庆七年六月十八日写立合伙文约。

巴县档案 6-3-17071“直六甲李万品以与他伙开炭厂、霸管图吞难甘告李正纲一案”附有李正纲出具给李万品证明合伙关系的合约：

立合约人李正纲情因道光三年六月初一日顶打任姓炭厂贸易生理，耗费多金，一人难以备办。今道光四年九月二十二日邀约李万品凭众面议合伙全心贸易。彼即凭众清算。正纲场内费用银贰百八十两整，今万品合出银本一百四十两。即日凭众议定，自合伙之后务要全心协力承办照管，勿得透漏伙帐银钱，不得以强欺弱，以大压小。倘有透漏一切情弊，日后查出，自愿承赔，永不得入伙，亦不得藉数生非。其二人合伙，日后赚钱平分，折本平认，不得推诿异言。此系二人心悦意服，并无（以下若干字模糊不清）凭众立合伙文约（以下若干字模糊不清）李万品存据。

凭李正芳、任其华、李腾顺、任其富、李万峰、张万银、李开选，张汝新笔。

因为是李正纲邀请李万品入伙共同经营炭厂，这份合约由李正纲单方面出具，其中说明李正纲所有原炭厂资产作价银二百八十两，李万品出资购买该资产的一半，从而炭厂的资本结构变为李正纲、李万品各占50%。该合约也明文规定“日后赚钱平分，折本平认”。

又例如，巴县档案6-1-1887乾隆五十一年四月“廉七甲艾洪泰以被套合伙办炭，籍卖遭吞事控赵正位等一案”，该案卷宗中附有艾洪泰、赵友才、赵正位三人的合伙文约：

立合同文约人艾洪泰、赵友才、赵正位，三人情愿同心承办到□台前办炭壹运，彼即言明议定库色钱五百三十两整，三人合心办炭，如有私弊查出得一倍二。□官府事务三人一并承领，毋得推委异言。倘如捐钱折本，三人一并同心承□，在不得异言。此系三人心安意恳，于中并无讳语，人心不一，故此凭众立合同文约一纸为据。

凭众人艾品高万文光全见

乾隆五十年冬（九）月初八日立合同文约人：赵正位、艾洪泰、赵友才笔（6-1-1887-5）

这份合伙合同约定“捐钱折本，同心承担”，特别提到“捐钱”，可能与合伙事务性质有关。艾洪泰等合伙承办官府办炭事务，考虑到也许官府会要求承办者提供一些免费劳务甚或要求捐款，所以合同会如此表述。此处称“同心承担”，字面上只提及捐钱折本，不过应该隐含了同等比例分享盈利。

再如，巴县档案 6-3-4688-13 是何芝梁、谢国谱二人合开银铺的合同：

> 立出合伙和约人何芝梁、谢国谱，今凭中合伙开设银铺，牌名宝兴。当日何芝梁出镜银一百两，谢国谱出本镜银二百两，银照本银多寡，算利二分行息，赚钱均分，折本平认，铺佃钱火食□面夫差等项均认。如赚钱二家支用，若未获利分文无支。所有何姓未合伙之前倘有该项不得问谢姓，如谢姓先有别帐亦不得问及何姓。再者二家如在外私暗挪借，毫不与宝兴钱铺相涉。如有一家阳奉阴违，许执此合伙和约仍投原中斥理，情甘坐非无辞。今恐人心难料，凭中立出合伙和约，各存一纸为据。
>
> 凭中人：郑正泰、何芝材、欧义顺、杨汝秀、王长箐（笔） 王玉生、谢国谅全在见
>
> 嘉庆二十三年正月十六日
>
> 合伙和约人：何芝梁、谢国谱

这份合伙开设银铺的合同在合伙债务方面约定非常详尽，既包括对合伙前个人债务的说明，也包括对合伙经营过程中与合伙无关的个人其他债务的排除。合伙合同先已作了按照本银计算利息的安排，对于余利双方约定“赚钱均分，折本平认”，即平均分享利润和承担亏损。①

对于不等额出资，除了在分配红利之前，计除本银利息的办

① 参见刘秋根：《中国古代合伙制初探》，人民出版社 2007 年版，第 356 页。

法，也有的合伙组织选择按股份分配，例如巴县档案 6-3-7124 嘉庆二十一年“本城民屈生、汪朝上控彭儒魁等一案”。嘉庆八年九月初六日，任瑞光、易显忠、任致和、彭致和、涂学周等七人订立协议，合伙挖炭，十股分配（七人股份分别为 2 股、1.66 股、1.66 股、1.66 股、1 股、1 股、1 股）。七个合伙人出资不等，则以出资金额的比例进行分配。

平均分配盈利和分担亏损是清代合伙的惯例，不过对于劳力出资者，分享盈利是没有问题的，但是否也要同等分担亏损，则情形不一，巴县档案中就有以劳力出资者不承担亏损的例子。例如巴县档案 6-4-5909“储奇坊唐含章告凌天堂套民合贸霸吞银两不分一案”：

咸丰六年正月二十六日唐含章喊控：

> 具告状人唐含章年二十三岁，原籍本省本县，寓储奇坊佃宅店。
>
> 为套伙昧骗迫叩唤究事。情蚁铸银手艺，前帮吴姓，工银五十，遭豪恶凌兴堂咸丰四年腊月常唆刁蚁帮认给银六十两，蚁被惑辞。外殊兴堂心存奸诡，套蚁合伙，捏一名张光顺，二人出本，蚁出手艺，开洪发钱铺，立合约三纸各执。蚁身工钱三十六千，伊等银本认利分半，其赚红利除蚁工资，三股均分，合约审呈。讵兴堂觑蚁忠朴，挣积银钱，兴堂霸吞。今春逐蚁出铺，红帐抗算。蚁凭吴元泰等叠理，横恶，使蚁衣食无着，毋闻寻尽难防，迫叩伏乞。
>
> 被告凌兴堂
>
> 干证街邻：吴元泰、黎源发、万元盛、黎金泰、李三合、柳逢春笔证陈敬久
>
> 咸丰六年正月二十六日
>
> 正堂觉罗祥批：候察讯夺。(6-4-5909-2)

唐含章控称自己有银匠手艺，以力出本与凌兴堂合伙开设银铺，原本约定既有工资，又有分红，但被凌兴堂赶逐。

被告凌兴堂提交诉状：

具诉状人凌兴堂，年二十六岁，原籍本省本县，寓杨柳坊佃宅。

为忿诬支控，粘叩诉究事，情去年正月银匠唐含章套蚁出本银五十两伙贸洪发恒倾销银铺。每年给伊工钱三十六千合约注明含章无本审呈。嗣含章不务正业，纠同黎源发、吴元泰等专于嫖□、吸食洋烟、害蚁铺无人经理，因折本银十余两，今正初四，含章凭戴如福等算明来往账目，亲笔开单抄粘，长支蚁银三两余辞退。今蚁另雇师倾销，含章挟忿兼被源发等唆使捏诬喊控蚁在案，理合诉明赏讯究刁，伏乞。

计粘抄一纸

被诉：唐含章、黎源发、吴元泰

诉证：戴如福、周复兴

约保康世昌

邻佑

咸丰六年正月二十六日

正堂觉罗祥批：候察讯粘附（6-4-5909-5）

凌兴堂诉称唐汉章分文未出，不务正业，祸害银铺，已经算明账目将其辞退。

附卷有合伙合同：

立合伙合同字据人张广顺，凌兴堂、唐含章三人，因莫疑知交义气相投，今在渝□武庙街开设洪发恒倾销银铺生贸，当凭街友议定，张凌二人不能掌炉，各出本银二十五两□，议每月加壹分半行利，唐含章无本以身出力掌炉，议每年工价铜钱三十六千文，所有炉内焊炉小货一切皆入公，并无私□。至于赚折铺积、差徭利息、学徒浆洗、伙食人工等件均作三股照派□分，并无异言。此系三人请凭街友斟酌再思至公至平毫无损益，俾出本者有本□□，出艺者有艺食俸。是我等务宜情追管鲍、谊效范张，协力经营，始终如一，纵有小过，须当面责，不得挟忿忌妒，阴谋暗害等弊，倘有此情，神灵鉴察。今欲有凭，特立合同，一样三纸，各执为凭。

内添恒能二字以及凌姓折本全认

凭街友：刘洪发、柳逢春、郄济川、费宗贤、陈灼庵全在

代书：陈敬久

咸丰四年十二月初八日立据人：张广顺、凌兴堂、唐含章

（6-4-5909-3）

从合伙合同约定看，唐含章所述基本属实。

当事人喊禀当天也就是咸丰六年正月二十六日巴县衙门庭讯，两造及证人黎源发到庭。县令讯明合伙属实，经查合伙折本八两，按合约由凌兴堂认账。确认唐含章退伙，一切家具归凌兴堂开设，同时断令凌兴堂帮给唐含章三千文。

本案中凌兴堂出银，唐含章出力，合伙开设银铺，约定唐含章每年领工钱三十六千，凌兴堂（张广顺疑并无其人）所出本银按每月一分半计息。此外赚钱平分，折本由凌兴堂全认。后凌兴堂不满意唐含章的表现，要求其退伙。唐含章心有不甘，因此兴讼。这个案件说明两个问题，其一，出力的合伙人由于支付能力有限，可以要求不承担合伙债务。其二，出力的合伙人在合伙中处于相对弱势，合伙能否维系往往取决于出银的合伙人一方，他可以单方面决定散伙。

上述诸多事例说明清代巴县合伙盈利分配与亏损分担的基本原则是按出资比例风险共担，收益共享。不管是剔除不等额出资的因素（提算股息）后赚折平认，还是按股份分配，其实质都是按比例分担风险、分享收益。这种分配模式体现了合伙的价值取向是同心协力，利益共享，亏损共担。至于劳力出资的特殊安排则兼顾了可行性和公平性。

2. 合伙事务执行

合伙事务执行是保障合伙目的实现的重要环节。正如众多合伙

合约所说之“协力经营”，合伙事务理论上应由合伙人共同执行。合伙人也可以通过合伙合约约定经营事项及各合伙人的职责。

例如，道光年间王玉堂等合伙约：

立合约开设靛行人王玉堂、林国圣

情因心性相投、义气相符，凭中合伙开设三亦靛行生理。此行原系林姓开设多年，行中押平、押佃以及家具、土地会头银等项，约计作本银三百两正。王姓出银五百两，内除两抵林姓本银三百两，余银二百两，公上凭利每年一分二厘扣算，额外添本，公上认利。至于未合伙之前标长顺行该人之项，人该长顺行之项，概归林姓收付，不与王姓相涉。既开之后，另立帐簿，所有银钱收付，概归王姓一人经管，林姓经理问下卖靛等项，两无异言。俟后分伙之日，所有原议押平、押佃、家具、土地会头银三百两，仍然归还林姓，王姓所出本银五百两归还王姓，不得异言。今凭中公议已定，次年正月内面给行账，所长红利二人均分，仍存行者，亦照市认利。二家不得在行长支分厘。此系心情意愿，凭中特立合伙合同二纸，各执一纸存据。再议每年俸银若干，另立帐簿，按月支用，不得长支分文，恐口无凭，特凭中议定永远为据。

凭中证人赖自新、刘际春、罗正茂、林国桢笔

道光二十八年十月初一日

立合伙人王玉堂、林国圣①

这份合伙协议除对出资、合伙前债权债务、合伙利润分配、散伙清算等作了明确规定以外，也明确了两个合伙人在合伙经营中的分工。王姓负责账务，林姓主管业务。这个分工也比较合理，三亦靛行林姓投入的均是不易损耗的不动产、保证金等沉淀资本，流动资金全系王姓投入，故王姓管账，可以免于对资金亏损的担忧；经

① 四川大学历史系、四川省档案馆主编：《清代乾嘉道巴县档案选编》上册，四川大学出版社1989年版，第360~361页。

营经验则推林姓，其毕竟开设靛行多年，所以林姓管理业务正好发挥所长。

合伙事务合伙人共同负责既然是民间惯例，也在很多合伙合同中有明示或隐含的表述。在此前提下，如果有某一合伙方试图否认这一点也难以为官府认可。

巴县档案 6-3-4687 “本城客民孙泰来具告彭泰来等该欠棉花银两、奸牙估骗等情一案”：嘉庆十三年五月二十一日，孙泰来称泰来行彭老四、权登甲买他棉花四十七包，重六千零七十九斤，该欠货银一千五百一十五两九钱九分。受理案件后，二十六日，县衙门发牌委托八省客长协同两造人证邀赴神庙查理。七月二十一日，陈桓、曾大成等缴委，称孙泰来是因为泰来行系彭泰来（儒魁）开办，才投泰来行发卖棉花，而彭泰来则说虽然自己参与出资却未经手。现在据说是直接经手人的泰来行的另一合伙人权登甲不露面，陈桓、曾大成等人因此也无法理处。十四年二月二十三日，正堂葛县令批示：“彭泰来与权登甲合伙开行该欠孙泰来货银至一千五百余两之多。彭泰来称系权登甲经手，但权登甲现在逃走，岂能以彭泰来一面之词是听？况彭泰来既与权登甲合伙开张，权登甲侵蚀客本岂能诿为不知？自应饬令彭泰来先行酌量偿还，候严拏权登甲到案，再行讯明断结，着再邀集原被秉公妥议据实具覆，毋任□延致负委任，牌仍发。”县令说，泰来行该欠货银数额如此巨大，彭泰来身为合伙人不可能不知道，决不能以不是经手人就推卸责任。县令因此拒绝收回委派（牌），要求八省客长们继续完成调处任务。县令的这个批示说明合伙人理论上是被推论为共同执行合伙事务的，所以尽管彭泰来辩称没有参与合伙事务，知县在批示中明确表示彭的说法不可信。

尽管知县言之凿凿，但他的角度不过是为有人承担清偿责任。实践中合伙事务交某一合伙人执行的情况并不罕见。巴县档案 6-3-4770 嘉庆十七年“本城职员洪仁具告王忠麟等计外吞害等情一案”：嘉庆十年，潘源亨与洪仁（洪文翰）伙开恒祥缎店，各出本银五百两，雇佣王中林在店帮工，每年客俸八十两。大概是发现王中林经营有方，嘉庆十三年正月，潘源亨、洪仁对合伙账务进行了清算，将恒祥缎店除赚支外的铺底货物折算本银一千零八十两，交由王中林一人承开。三人约定合伙利润明折暗伙三股均派，至于本银一千零八十两则约定六年为限无利清还。本案中洪仁控王中林侵吞，王中林则诉称洪仁的本金早已支取，谁人理直卷中难以判断。但潘洪二人的绸缎店邀王中林入伙后，由"中林一人承开"实际上是三人合伙，但合伙事务交某一合伙人执行。王中林是原来店伙，估计因为有丰富经营经验和良好经营业绩被委托全权负责合伙经营，相当于是以劳力入伙。这个合伙模式对王中林来说看似便宜，但要在六年内全数还本，压力还是不小的。

也有的合伙是不得已而由某一方合伙人独任经营。巴县6-3-9816"金紫坊张蔼芳因各出银两合伙开设同泰麻行，遭勒约霸吞控告徐三元等一案"就是一个例子。

道光二年九月十五日，张蔼芳控：嘉庆十九年与徐荣九各出一千五百二十五两合伙开设同泰麻行，经八省客长见证议立合伙合约，并有原顶老约为凭。嘉庆二十三年，张蔼芳因父亲往云南贩货数载未归，前往找寻，麻行交给徐荣九经理。迄今四载，获利数千，徐荣九捐监置业，去年将同泰行更名裕泰，行帖换名徐三元（徐荣九之子），计谋独霸。本年四月，张蔼芳来渝清算，徐荣九支吾拖延，五月，投乡友徐望挺等理算，徐荣九又推说等八月麻货稀少时方便算账。不料七月初五日徐荣九突然亡故。众人理议徐姓给张蔼芳银十五两，张蔼芳书立杜退字，此后麻行与张蔼芳无关。张蔼芳指控徐荣九趁单独管理行务之机侵吞自己的利益。县令批示："准唤讯，仍将合、顶各约呈验。"此案中据原告张蔼芳声称，他和徐荣九合伙的同泰麻行一度因自己外出交另一合伙人单独经营。此案中合伙事务交某一合伙人执行的原因是其他合伙人因故无法执行合伙事务。

合伙一方负责经营有时也会成为合伙人之间发生账务纠纷的潜在原因。例如，巴县档案6-3-9853"直里一甲颜荣兴以套蚁伙贸掣银入手，匿账不算，理讨反被凶伤等情控余永寿一案"：道光三年九月十三日颜荣兴控告余永寿，称道光二年二月与余永寿合伙开酒漕坊，商议各出现银一百二十两，但余永寿并未出本。后来余永寿给颜荣兴写立了六十两的借条。漕房一直由余永寿父子经管。年底，余永寿匿账不算。道光三年三月，余永寿立据限六月内清还欠款。八月二十五日，颜荣兴控案未准。本月初九日，颜荣兴邀众集理，反被余永寿殴伤再次具控。知县批准验伤唤讯。十月初六日，差役禀报“往乡协同约邻验得颜荣兴并无伤痕”，案件不了了之。这个案件从处理的情况看，原告很可能是诬告，不过颜荣兴声称合伙的酒漕房由被告父子一方经营也不见得就是假话。

对于人数众多的合伙组织，每个合伙人都亲自参与合伙事务可能存在一定的困难，但是合伙人即使不直接执行合伙事务，对重要的问题似乎还是应该有知情权的。例如，前文述及巴县档案 6-3-7124 嘉庆二十一年“本城民屈生、汪朝上控彭儒魁等一案”，任瑞光、易显忠、任致和、彭致和、涂学周等七人合伙挖炭，该合约中即约定如有合伙人要用钱，必须对伙众说明情由方可取用。

可见清代合伙是资金的合作，也是人力的合作。在理论上，每个合伙人都是有权利也有义务参与合伙事务执行的，但是实践中，由于各种特殊原因，合伙事务由某一个或几个合伙人负责的情况也存在。不过一方负责合伙事务执行，由于信息交流不畅或其他原因，极有可能发生纠纷。

三、合伙的债务及解散

1. 合伙债务确认

合伙债务是指在合伙经营期间，以合伙名义对合伙以外的第三人所负的债务。承担债务的主体是合伙组织，履行债务的担保或承担债务的财产范围是合伙共有财产和合伙人的个人财产。合伙人个人债务，是指合伙人对他人所欠的债务，合伙人与债权人是该债权债务的当事人，与合伙事务及合伙团体毫无关系。①

---

① 蒋慧：《合伙债务的法律思考》，载《广西政法干部管理学院学报》2001 年第 1 期，第 47 页。

现代合伙，出于保障债权人利益的考虑，对于合伙债务通常取形式认定，只要在形式上具有合伙债务的特点，合伙人就负有连带清偿责任。但是从巴县档案中，我们看到有一部分债务虽然具有合伙债务的形式，但却按照实质被认定为个人债务。

巴县档案6-3-4652“本城监生权辉先具告范雋修、张可秀豪恶估骗等情一案”中，嘉庆十一年三月十一日，权辉先具状控告范雋修、张可秀欠付棉花货款：

被告范雋修、张可秀

具告状监生权辉先系陕西人住翠微坊，年四十三岁。

抱呈为豪恶估骗叩拘究追事，情生陕西民籍，在渝生理，去年二月有本街永济店开设集成庆记之豪棍范雋修张可秀在泸州买去生棉花一百一十四包，共该九八色银四千零七十四两零，号票现据注明去年十月内照数清给，不得短少。殊恶等为富不仁，延至去冬腊两月□还生银一千五百两，下该银二千五百七十两零，屡讨推延，拖至于今，分厘不给。切雋修等现系字号大张生理，非无力偿，奸心估骗，情实莫何，只得迫叩。

仁恩赏拘究追，以儆估骗，顶祝伏乞。

嘉庆十一年三月十一日

正堂易批：准唤讯追。(6-3-4652-1)

三月二十七日，范雋修之父范敦儒具认状，承认欠款人为自己：

具认状民范敦儒系陕西人住叙府，年五十九岁。

认为不累无辜、肯准宽限事，缘民在叙府开设天合儒记生理，于嘉庆十年在泸州赊买济兴生记权辉先棉花一百一十四包，值行规银四千零七十四两，扣实银三千九百九十两零，议至十月交楚，不意叙地去岁欠收，所放花帐延搁。讵辉先于本月十一日以豪恶估骗控集成庆记张可秀并民子范雋修在案。蒙赏差唤，切思买卖各有与受，辉先因过期索讨，于理宜然，民赊货还银情所应得，且辉先向系同里夙好，知此贷系民取受，何得因民子借用集成号图书攀控张可秀等赔还，何况叙地所放之帐，现在禀官究追，伊等业将人参五两折算，□日即可归结，如辉先恐其羁延，民亦情愿将人参作质，俟将银两呈缴再领人参，似为两便。民今不忍拖累局外无辜，是以恳恩赏准宽限，倘有违误，自甘坐罪，伏乞。

嘉庆十一年三月廿七日

正堂易批：候差集查讯核夺。(6-3-4652-4)

同日张可秀具诉状，称欠款与己无干：

被告权辉先

干证梁世乐、李肇林、傅应元、姚德懋

具诉状民张可秀，系陕西人住泸州，年四十岁。

诉为李冠张戴、恳恩剖白事，缘民在泸州开设集成庆店，范敦儒在叙府开设天合儒记，各立门面，并无粘染。嘉庆十年济兴生记权辉先因渝花滞，装至泸州发卖，时范敦儒来渝买花，彼此相遇，经梁世乐、李肇林等作中，辉先允赊花一百一十四包，议价银四千零七十四两成交。后辉先当要图票，民伙范隽修因父范敦儒买花，即借用集成庆记图章，出立欠票，不意去年叙地欠收，敦儒所放花债难以归结。及民冬月始知，当凭原中理说，众处范隽修还出银一千五百两交讫，其余二千五百两范敦儒承还，不与民等相涉，有梁世乐等可质。殊辉先食指吞拳。得银后仍执图票向民追索。民投乡里傅应元、姚德懋等理论，辉先不理，于本月十一日以豪恶估骗，情词牵控民等在案。蒙差唤辕，切民与范敦儒各居一地，毫无粘染，伊赊辉先之花，现在叙府发卖，尽可收账还账，民店斤花未粘何得因伊子出具图票，即逼民等赔还，似此李冠张戴，情实难甘，恳恩剖白，戴德无暨，伏乞。

嘉庆十一年三月廿七日

正堂易批：候质讯察夺。(6-3-4652-5)

被告张可秀一面在巴县提出抗辩，一面上控（重庆府），重庆府批示支持张可秀：

> 如果范敦儒借用伊子范隽修行内图记立票赊欠权辉先棉花，自应范敦儒清偿花价。即或力难归结，亦只可令伊子隽修于花账四千零四十余两之内代赔一半，所谓父债子还于理尚属可通，但张可秀系该号同伙之人，岂能代他人陪账？仰巴县秉公讯断，着令权辉先向隽修取足一半之数，其余一半仍向范敦儒换票归结，不得复令张可秀赔偿，庶为公允，毋任滋讼干咎。
>
> 嘉庆十一年四月初五日（6-3-4652-6-7）

四月二十二日，巴县衙门庭讯，当事人称业已和解。

权辉先供称："去年二月间有本街永清店开设集成庆记范隽修、张可秀在泸州买监生棉花一百一十四包……昨日范隽修才请字号街邻同来监生说情，监生就依允把这行票揭还范隽修父子去了。"

张可秀供称："今蒙审讯该欠银两是范敦儒，不与小的相涉。昨日他请各字号同街邻与权辉先说情，他依允把这行票揭还范敦儒。小的错了不该在府宪越控，只求超释，小的求恩典。"（6-3-4652-9）

嘉庆十一年四月二十四日，调解人刘悦懋、李人龙递交息状，请求息讼，并附上当事三方结词。

正堂易批："既据理处明白，姑准息销可也。张可秀赴府越控，殊属非是，但念此项原不与伊相干，今既理明□，姑从宽免究。"（6-3-4652-10）

本案中，作为集成庆记合伙人之一的范隽修以本号图记为父亲买棉花赊账，这笔债务在形式上具有合伙债务的特点，但是事实上与合伙业务无关，被官府认定属于范隽修及其父亲范敦儒的个人债务而非合伙债务。这一案例说明，在判断合伙债务性质的时候，清代的司法官更倾向于实质上的认定而非形式上的判断。

中国现代合伙法律认为，合伙人可以在合伙合同中约定收益分配和债务承担的方式，但是合伙人对外对合伙债务承担无限连带责任①。巴县档案中的事例表明，清代合伙债务有着不同的性质。

巴县档案6-3-9818“贺玉发等以套买货骗银分厘不给控徐长发等互控”：

道光元年十二月十三日，贺玉发、赵万盛等告徐长发、梁天昌、严希文亏欠客账三千四百余金（好像是代表诉讼，被欠客户共三十余人），十二月十三日，官府票传原被告及干证，被欠客户全体均在被传之列（被称为词告），二十日，徐长发之子徐永炤诉称徐氏父子并未参与长兴行合伙。同日，巴县衙门开庭审理，梁天昌在供词中称徐长发参与合伙：“行内□本都是徐长发的，小的同蒋懋德经手，各认一股生意，徐长发同蒋懋德陆续支用过银有四百多两，小的已支用过银四百余两，放出外账有四千余两未收，这该欠众客共有三千四百银，不料蒋懋德躲匿了，众客追索，小的才向东家徐长发说知。那长发见蒋懋德躲匿，他就不认出本开行。”严希文供称：“今年正月间蒋懋德凭许祥兴来佃小的行房开设，小的要徐长发的名字才肯佃给，过了两日，徐长发写了一张佃约，是他一人出名，叫他的家人送给小的。”严希文称自己仅出租房屋，并未参与合伙，同时指证徐长发是承租人。证人孙昇泰、沈致祥则称在长兴行开业时见到徐长发、梁天昌、蒋懋德三人，但是“他们合伙的事小的们并不晓得”。由于梁天昌和严希文供徐长发是合伙人，故庭讯后徐永炤被管押（二年正月初六日保出），并被要求找到蒋懋德。梁天昌亦被押（后保出收账）。上一年九月初三日，蒋懋德出现，承认出本二百两与梁天昌伙贸（徐永炤并不在内）。上一年底获利六百两，每人应分三百两。

道光二年九月十五日，戚邻请息，客账由蒋懋德、梁天昌归还：

① 《民法通则》第35条第2款规定：除法律另有规定外，合伙人对合伙债务对外承担连带责任。《合伙企业法》第39条也规定：合伙企业财产不足以清偿到期债务的，各合伙人应当承担无限连带清偿责任。

具息状戚邻曾玉岚（年四十）、朱正和（年五十）、梁起凤（年五十四）本城通远坊人。为剖明恳息均沾不忘事，情贺玉发、赵万成□□□□□□□控徐长发、梁天昌、严希文在案，沐前李主审讯未结，旋有蒋懋德喊控梁天昌在辕，沐准票差居义里行唤，后懋德以侵吞累害补词具禀，又沐票差二门行唤。蚁等与伊几造俱属戚邻，不忍讼累，邀集叠剖，实因梁天昌、蒋懋德伙在长兴行挂平生理，因遭外账驼骗以致天昌、懋德负该贺玉发等众账银三千余两，致有此控，迨后天昌、懋德收得外账已还过贺玉发等银一千六百余金，除还下该众客银一千八百余□无偿。今蚁等将伊伙账逐一算明，天昌该银一千四百三十两，懋德该银四百二十两，立出拆伙约据，各自招认客账派限五年还给众客，俱允立有允单为凭，至天昌懋德各立限约，交与客等执据。至徐长发、严希文实系并无干涉之人，伊等几造俱皆悦服，不烦庭讯，以免拖累。各甘具结备案。蚁等体□恩爱民息讼至德，为此禀恳仁宪赏准息销，均沾不忘。

计粘结状三纸。

候补正堂王批：既经理明准息销各结附。

道光二年九月十五日（6-3-9818-62）

本案复杂之处在于梁天昌欲将徐长发父子牵入案中，而另一合伙人蒋懋德又迟迟未出现，造成了官府判断上的困难。在案情澄清后，经亲戚邻里调处，官府认可，两合伙人各按一定份额偿还合伙债务。值得注意的是此案中合伙债务的清算显示，当合伙人的业务具有相对独立性时，实际上是按合伙人个人的经营行为分担债务，而非以合伙商行为债务主体。实质是将合伙债务视为个人债务按份清偿。

2. 入伙与退伙

合伙组织不一定一成不变，由于各种原因，可能有新的人加入，也可能有原来的合伙人退出。合伙人人数可能增加也可能减少。

新人入伙，即其他人在合伙存续期间加入合伙。巴县档案中引入新人加入合伙的一个重要原因常常是原有合伙组织经营不善，以至于非有新的资金注入，难以清偿债务。

例如，巴县档案 6-3-4642 嘉庆十年“本城民吴起彦具告行户邱正兴等朋充侵吞所欠账银一案”：吴起彦的父亲吴正格与金海望伙开裕兴行，负债三万多两，濒临倒行，被债主们控告，经前任葛县令讯谕，命令金海望寻找新的合伙人入伙开设以清偿客账。后来，金海望找到郑殿扬出本三千两入行帮助摊还客账，约定等到将行账还完，行底以三股均分结案。此例中，裕兴行原本是吴正格和金海望二人合伙，后裕兴行欠下巨额债务濒临倒闭。如果听任倒行，债主们的利益估计将损失殆尽，故此县令要求原合伙人寻找新人入伙以延续经营，最终偿还债务。

当然新人入伙也不一定就是为了还账。巴县档案 13（档案原编号有误，此系整理者自行编号）嘉庆二十四年“本城孝里三甲民谢国文具告赵协详等恶棍凶伤等事一案”：原告谢国文控称刘怀龙、赵明芳、赵玉芳三人合伙经营炭矿生意，嘉庆二十二年，刘怀龙将其在合伙炭矿生意中的一股邀谢国文入伙，谢国文出本银十二两，立有合约。这个事例中刘怀龙为什么邀请谢国文入伙，案卷中没有交代原因，猜测有可能是挖矿未能及时见炭，需要增加投入。

新人入伙也可能是为改善合伙经营，前文述及巴县档案 6-3-4770 嘉庆十七年“本城职员洪仁具告王忠麟等计外吞害等情一案”：嘉庆十年，潘源亨与洪仁（洪文翰）伙开恒祥缎店，各出银五百两，王中林本来是店内帮工，每年得工钱八十两。十三年正月，两个合伙人邀王中林以劳力入伙，并负责店内经营，约定六年还本后，三人占同等股份。王中林因为在经营中显示了一定的商业才能，被原合伙人邀请入伙。

新人入伙有一个不能回避的问题，即合伙前债务的处置。现代合伙制度中，新入伙的合伙人很难割裂同原合伙债务的关联，对于合伙前债务，新合伙人同样要付清偿责任。但是在清代合伙中，考虑到合伙前债务的形成新合伙人完全没有参与，新入伙人一般都会和原合伙人约定不承担入伙前债务。①

例如，巴县档案 6-3-4651 嘉庆十一年“楚陕客民王天合等具控郑殿扬私逃恃吞骗客银两一案”：郑殿扬和权登甲合伙开设大昌花行，但郑殿扬欠王天合货款在先，权登甲后来加入大昌花行，被牵连在案。三月初八日，巴县庭讯郑殿扬未到案，债权人及被告权登甲到案。当事人供词如下：

> 问据权登甲供：“小的本城人，嘉庆十年十月间有开大昌行的郑殿扬该欠王天合们五十余家（五万两）各号客账银两未清，邀小的合伙，小的因郑殿扬该的客账甚多，没有应允。后来到十月二十八日，凭王天合们同众账主在场筹商，议立合约注明十月十五日前郑殿扬所欠各号客账银两任他自己清还，不与小的相涉字样，小的才认承合伙开设的……”
>
> 问据潘金盛、王天合等供：“……嘉庆十年十月十五日，郑殿扬折本欠账五万余两，才将他所开大昌花行邀同权登甲合伙，以前欠账不与权登甲相干，小的们约齐众客等议，出立合约与权登甲执据，他才承认开设的。”（6-3-4651-8）

虽然案卷中未附郑殿扬、权登甲二人的合伙协议，不过从权登甲本人的陈述以及债权人王天合等的确认中，可知合伙协议的确注明从前客账归郑殿扬清还。因此县令断定欠债与权登甲无关。三月十五日，权登甲具结脱案。因原大昌花行债务人多属江津、綦江两县，巴县衙门于嘉庆十一年三月二十三日（票稿）知照两县，同时，三月二十四日给牌王天合等人，授权债权人自行清收原大昌花行债权以抵偿郑殿扬的大昌花行欠债。

本案中，权登甲应郑殿扬之邀入伙，但是要求不承担原有债务

---

① 前文王玉堂等合伙文书约定：“至于未合伙之前标长顺行该人之项，人该长顺行之项，概归林姓收付，不与王姓相涉。”四川大学历史系、四川省档案馆主编：《清代乾嘉道巴县档案选编》上册，四川大学出版社 1989 年版，第 360~361 页。

(这些债务金额多至五万)，原合伙人认可并且邀集了债权人进行公告，取得了债权人的同意。后来的审理过程说明这一公示程序不仅是一种商业惯例，而且也在法律上为官府认可。当然新合伙人既然不承担合伙前债务，相应地也不享有合伙前债权。所以当到案的新合伙人不承担债务，而应当承担债务之人不到案时，官府即可授权债权人自行清收债务人的应收款以清偿债务。

退伙是原合伙人退出合伙组织，由于拟退伙人在合伙中有出资，应享有未分配盈利和承担未清偿债务，有人退伙时合伙组织一般需要清算，明确退伙人可以取回多少本银，可以分得多少利润或是否需要承担合伙亏损。巴县档案中退伙的原因一般是合伙人纠纷，不过考虑到巴县档案收录的都是已经成讼的事例，实际生活中自愿退伙的情况应该也是存在的。

退伙需要经过清算，退伙人根据清算结果分配盈利或承担亏损。巴县档案 6-3-17042 “本城胡炳南告陈敏中因伙开煤炭账目不清私开浮账案”：道光四年九月，陈敏中、胡梦弼、王作宾、王洪轩、黄全顺五人凭彭志说合，租佃赵在受浦家垭口炭山一嶂开挖煤炭。五人合议煤炭生意分成十股，胡姓得四股，陈姓得四股，王氏昆仲王作宾、王洪轩共得一股，黄姓名下得一股，共成十股生意。见炭之日所获收益按股分配，经营折本则照股摊赔。合伙协议达成后，胡梦弼（炳南）出资二百两，王作宾、王洪轩兄弟共出银五十两，陈敏中借银二百两入伙。黄全顺似未实际出资。道光六年三月，胡炳南具控，称合伙煤矿由陈敏中、黄全顺二人管理，去年银本尽折。后来又有鄢省庵入伙，但是陈、黄二人依然赌博亏本。此案经巴县衙门审理，官府断令由胡炳南、王作宾、鄢省庵认出四十一两给陈敏中、黄全顺具领（陈敏中出资二百两，支用一百一十八两，余银中的一半算作承担合伙亏损），陈、黄二人退伙。这个案件中，陈敏中、黄全顺二人是合伙组织的实际经理人，但经营期间合伙未能盈利，反而严重亏损，引起了其他合伙人的不满，最后经过清算，二人退伙。退伙的陈敏中、黄全顺按合伙约定依股份数承担了合伙亏损。合伙组织继续维持。

退伙人有义务承担在伙期间合伙组织的亏损，下面这个案件也是一个例子。巴县档案 6-4-5824 咸丰二年“本城申元兴告周仁和买米欠银，昧良估骗案”：申元盛、周仁和、易兴隆等原本合开炭厂。申元盛的弟弟申元兴开有米店，炭厂大概常在米店买米。后来申元盛退伙。咸丰二年十月，申元兴控告周仁和当年二月份买米四十石，每石价银三两四钱，合计一百三十余两，只付过四十两零，尚欠米价银九十余两。还说周仁和不仅欠账不还，九月二十八日还将米店上门要账的雇工刘元奇殴伤。申元兴的控状列周仁和为被告，列申元盛等为证人。十月二十一日，刘元奇经验左胳膊有擦伤一处。十月二十三日，周仁和诉称前年九月出本银六十五两与申洪彰（元盛）、易兴隆、叶长泰伙开炭厂，进出银钱、买卖账务都由申洪彰等经管。去岁及今年共卖大炭七十余万，约赚红利钱七百余钏未分。炭厂伙欠申元兴米账，申洪彰卖炭支销有无尾欠，自己并未经手也不知情。周仁和认为申洪彰与申元兴串通陷害自己，要求官府添唤其他合伙人。未准。后来周仁和续禀称申元兴之米均是易兴隆买入炭厂，伙众公用，再次要求添唤易兴隆和申洪彰到案。这次县正堂觉罗祥批准了添唤。十一月十八日，申元盛呈称：“去兴隆经手，该弟米银四百余未给，故不发米。今仁和承买四十石，该银九十两，伊认还反骗，致有此控。且蚁已经下伙，众派蚁折项钱四百余钏楚给，厂归仁和等伙贸，诸账不与蚁涉。拆约朗凭，理合诉明。”申元盛表示自己已经退伙，退伙前承担了合伙亏损四百余钏，炭厂外账与已无关。县令批示：“候质讯夺。”卷宗到十二月集讯止。

本案中申元兴的兄长申元盛（即申洪彰）与周仁和、易兴隆合开炭厂，申元兴向巴县衙门控告炭厂周仁和该欠米价九十余两，周仁和则要求添唤退伙的原合伙人申元盛和据说是该欠账的直接经手人易兴隆。但申元盛声明业经退伙，退伙前经过清算承担了合伙亏损，本案所涉债项与已无关，应由继续经营者负责。

从上述入伙退伙的处理中，可以得出一个结论即清代合伙并无连带责任之说，合伙人只承担按份责任。所以新入伙的合伙人可以对合伙前债务不承担清偿责任，合伙人经清算退伙后也可以不再对合伙期间的债务承担责任。而按照现代法律，新合伙人自入伙之日起即接受合伙人的所有权利与义务，对所有合伙债务承担连带责任，退伙后对其他合伙人不能清偿之债务也要承担连带责任。

3. 散伙

散伙是合伙组织解散。合伙解散的原因多种多样：或是经营目的不能实现，或是严重亏损，或是合伙人内部发生了不可调和的冲突，如某些合伙人怀疑其他合伙人侵吞资产等。合伙解散同样需要对债权债务进行清理，甚至比有合伙人退伙时的清算更重要。

例如，巴县档案 6-3-4586 嘉庆元年“本城孀妇黄刘氏（黄训迪妾）具告监生周卜年及其子周宏远欺嚼刁害等情一案”中，周卜年与黄训迪合伙开设永泰缎店。乾隆四十年，店铺发生火灾，欠下外债。乾隆四十八年，二人拆伙两清，周姓的铺房三年房租分文不要，并帮还外账。本案中，永泰缎店散伙的原因估计是因为乾隆四十年店铺遭遇火灾，损失不小，此后一直未能恢复元气，故此决定散伙。

巴县档案 6-3-7119 嘉庆十五年“本城直里八甲民吴德数等具禀陈国仕抗缴伤害，非签报缴等事一案”中，吴德数、陈国仕合伙挖煤。吴德数因陈国仕在厂滋事不愿再与之合伙。经约邻理处，双方未能就退还股本达成一致，诉至官府。县令断令吴德数退陈国仕银三十五两，合伙合约作废。此例拆伙起因是合伙人之间的矛盾不可调和（吴德数称陈国仕屡次在厂滋事）。所以尽管陈国仕以三十二千入伙，且已支过二十余千，吴德数还是宁愿贴点钱请对方走人。

这类因合伙人不睦导致拆伙的事件还有一些。例如，巴县档案 6-3-4683 嘉庆十三年“本城直里一甲监生唐灿然具告吴锡龄等鲸吞毒害等事一案”：唐灿然控称与吴锡龄、秦青选伙开南货店，因吴锡龄侵吞一千二百两，拆伙。吴锡龄则反驳称系唐灿然捏造账目诬告他。当然不管怎么说，合伙是继续不下去了。

另巴县档案 6-3-4688 嘉庆二十三年“本城孀妇谢彭氏具告何芝材等透吞银两等一案”：谢鹏氏子与何芝梁合伙贸易，发生纠纷。二十三年五月二十九日，谢鹏氏将何芝梁与何芝材兄弟一并控告。七月初五日，官府庭讯查明何芝材并未参与合伙，与本案无关。何芝梁与谢国谱合伙，谢国谱出本二百两，钱店折本一百一十四两，谢国谱收回外债一百六十两，应找补何芝梁十一两五钱八分。合伙债务归何芝梁清还。谢国谱缴银结案。此案也是合伙一方怀疑其他合伙人侵吞合伙财产，导致清算拆伙。

相对合伙设立而言，散伙还要更复杂一些。合伙一般主要涉及的是出资事宜，散伙则需要清算债权债务。合伙立有合伙文约，散伙往往也有散伙文约，用来明确散伙的各种清算数据、债权债务的处理。

巴县档案6-3-4722嘉庆十五年"武荣控伍俸逆弟霸吞案"中，录有由伍云（伍荣）、伍俸写立的合伙分约：

> 立写分伙人武云、武俸，情因戊辰年二月十七日同王居安三人合伙开设天星楼面馆生理，做正五月节后王居安不愿生理清算账目，亏折银一百零七两整。王居安认亏本银五十两，自愿出伙。今至五月节后，武云独自开设，因亏本空□不能开设，情愿与胞弟武俸商议分伙，各归各业。因前修门面费用银两，照尺寸分派，武云派认银八十□两，武俸派认银六十九两，武俸外认馆内折毫（耗）银四十两。自此之后馆内伙欠账不与武俸相干，自有武云一面承当。外有武云用武俸楼梯一架，武俸用武云货架两座，柜台一个，二家两抵，不许日后异言。至于武云多□二尺，也不得异言。至于馆内二家损坏家具□不得异言倍（赔）还。武俸当派外账银一百零九两，其余之项武云承认，不与武俸相涉。至于外欠天星楼账，武俸不得取讨分文。今于同众立写□约为证，将前合伙文约同众火过。当还先年押佃银十两以作赎壶当价。
>
> 见证人姜春发、薛正顺、窦天成、王居安、曾元和
>
> 嘉庆十三年七月二十一日立写分约人　武云　武俸

这份分伙文约叙述武云、武俸、王居安三人合伙开设天星楼面馆，王居安最早退伙，后来武云也与武俸拆伙，至此合伙宣告结

束。分伙文约详细说明了合伙期间发生的费用如何分摊，债务由谁承担，以及剩余固定资产的分配。同时声明从前的合伙文约当众烧毁作废。

武云、武俸本是兄弟，散伙时尚且要用一份详尽的分伙协议对债权债务和剩余资产的处理进行细致的约定，体现了“亲兄弟明算账”的精神，也足以说明散伙问题的复杂性。如果散伙时没有清算清楚，造成合伙人对合伙账务存有异议，往往酿成讼案。例如，巴县档案 6-3-4607 嘉庆四年“本城民何怀仁、何多能具告李正万、李德万挟劝冤逐一案”及约邻何玉堂等恳请息案等情：李均衡与陈怀碧合伙贸易，拆伙时伙账未清。嘉庆四年十月初八日，李均衡控陈怀碧逆蠹串谋，说陈怀璧诱其伙开红房（即染房），侵吞百余金。经约邻理处，陈怀碧找补李均衡银三十两，李均衡将账簿、合伙和约交陈怀碧领收。十月二十九日案件息销。

合伙人拆伙时一般均已自行对合伙债权债务进行了处置，但是这种清算结论有时候官府并不完全认可，拆伙的合伙人尽管按照分伙协议不需要再对合伙债务承担责任，但还是有可能被官府裁定承担一定的补充清偿义务。例如，巴县档案 6-3-9782 道光元年“本城毛大顺告罗承业欠棉花银案”：

道光元年九月十三日，毛大顺告泰顺行罗承业（即罗义利）欠棉花银六十三两，被告罗义利声称此款是泰顺行债务，自己此时已经和林兆武、蒋延赏等拆伙，该款在合伙清算后应由林兆武偿还。九月二十二日，案件审理过程中，县令要求知晓该合伙及其拆伙情况的证人们说明究竟毛大顺的棉花账款该谁偿还。九月三十日巴县衙门覆讯，在“查算账目清单”上证人们就偿债责任进行了说明：

> 罗义利控林兆武一案蒙讯谕令两造恳众算明帐项，所该欠毛大顺花行帐银应归谁还覆讯结案。伊等遵谕协同黄帮值年首人董安顺、唐华顺并书差等集场将（此处语意似有不连贯之处，但原文如此）罗义利、林兆武、蒋延赏三人于去年九月合伙在渝开设泰顺棉花铺生贸所吊毛大顺行内棉花来铺发卖，

今五月十九日伊等恳众算帐拆伙，共欠毛大顺花银一百零二两三钱三分。查明林兆武等伙贸簿注放出外帐及铺内现存有银钱货物概归林兆武承还，行内欠项外，伊伙三人各应分得红利银十八两，均注立拆约各执一纸。罗蒋二人彼时算帐出伙，至蒋延赏应得红利银十八两零，兆武以银补讫，其罗义利应得红利银十八两又欠项银五两零，共银二十三两零，林兆武是时未将银补还罗义利。且林兆武自今五月十九日算账拆伙后，林兆武一人情愿承手仍开此铺，之后已还过大顺行欠项银五十二两零，除还只欠行内花银四十九两零，今已经遵谕算明行帐并罗义利欠项应归林兆武一人承还以息讼端，所有遵谕协同两造查算缘由理合逐细开具清单呈阅。

九月卅日（6-3-9782-13）

这份清算单说明罗义利、林兆武、蒋延赏三人伙开泰顺棉花铺，泰顺棉花铺从毛大顺行批发棉花在铺销售，因此该欠毛大顺花银一百零二两三钱三分。但五月份三人拆伙时，应收应付抵消后尚有未分配红利，其中蒋延赏应得红利十八两已经拿走，罗义利应得红利二十三两尚在林兆武处。所有债权债务应归继续开铺的林兆武负责。

根据证人的证言，巴县县令遂断令欠债应主要由林兆武偿还，但罗义利的二十三两也作为帮还毛大顺账项，将林兆武管押，后经担保释放，外出收账，并令罗义利协同收账还款。元年十二月初二日，楚北客民冯兴盛（开有兆记商号）称与罗义利、林兆武二人系同乡，愿意在毛大顺欠兆记的三百二十余两债务中，扣除六十三两，从而换取毛大顺免除林、罗二人的债务。县府同意，同日各方具结结案。

本案中罗义利、林兆武、蒋延赏三人合伙的泰顺行向大顺行买棉花该欠货款，之后三人拆伙，约定由林兆武续开，罗义利、蒋延赏退伙，泰顺行债务归林兆武偿还。后债权人毛大顺控追欠款，将几位前合伙人一并告下。证人们证明三人拆伙时确有约定，林兆武应承担还款责任。但是县令并没有完全按照这一意见裁断。县令认可林兆武是主要的责任人，同时却要求到案的原合伙人罗义利“作出一定的贡献”。不过对于另一未到案的原合伙人蒋延赏，县令未予置词。“逮着谁是谁”，充分说明县令的出发点是摆平纠纷，至于是否完全公平，就不那么在意了。

大体而言，现代合伙的标志性特征是合伙人对外承担无限连带责任，而清代合伙在合伙赚折平认，拆伙未清偿债务有责这些方面与现代合伙存在相似性。在入伙前债务免责及合伙债务确认与承担方式上则与现代合伙大异其趣。种种情况表明，清代合伙具有较弱的共同体性质，也不像现代合伙那样重视对债权人的保护。

第二章　雇佣纠纷

如前所述，清代巴县的工商经济已经非常繁荣。虽然经营规模自然还无法和现代社会相提并论，但是这些工商经济门类中除了极少数可以一力担当的生意，大多数工商业经营都不是一个人能够独立完成的，都有雇佣劳动力的需求。雇工和法律上的雇工不同①，雇主与雇工之间主要是主客关系，雇工要努力劳动，雇主要好好招待，雇工来去基本上自由，雇主不能控制他们的人身，雇工与雇主处于平等的法律地位，能与雇主同坐共食，尔我相称，生活礼仪上平等相待。② 前工业社会的雇佣虽然规模不大，但是也是一个有可能发生冲突、引发纠纷的领域。

一、雇佣种类

清代巴县基本上各类工商业都存在雇佣现象，工业有雇佣的工人，商业有雇佣的经理人和帮工。虽然农业劳动中也有雇佣劳动力，由于本书主题所限，只考察工商业中的雇佣行为。不过不同门类的佣工在雇主、雇工关系上并没有明显的差异。雇主、雇工关系的区别主要是由于不同的佣工性质造成的。清代巴县工商业雇佣根据性质大体可以分为两类：有薪的普通雇佣即帮工/雇工和无薪的

---

① 《大清律例》乾隆五十五年刊卷二十八“刑律·斗殴·奴婢殴家长条”乾隆五十三年例：“店铺小郎之类，平日共坐共食，彼此平等相称，不为使唤服役，素无主仆名分者，亦无论其有无文契年限，俱依凡人科断。”

② 蒋燕玲：《论清代律例对雇工人法律身份的界定》，载《社会科学家》2003年9月。

特殊雇佣即学徒。

支付劳动报酬的雇佣，有长期雇佣也有临时雇佣，对于长期雇佣，通常是按照单位时间的薪酬标准根据雇佣时间结算薪资，或是根据雇佣双方的投入情况按比例分成。而对于临时雇佣，雇佣双方一般会根据总的工作时长或需要完成的工作任务约定一个固定的报酬。

例如，巴县档案 6-4-5799 咸丰元年七月“王益美喊李信成开设栈房，因益美帮信成经理工资分文不给案”，此案中王益美是李信成所开设栈房的柜工，李信成和王益美约定，王益美从三月初十日起帮做柜工，每月工价二千四百文。巴县档案 6-3-17078“本城雷正纯喊控阮三阳开炭场帮他炭窑扯水欠工钱案”，阮三阳雇佣雷正纯帮他在煤矿中排水，约定每月工钱一千文。这两例都属长期雇佣，也都是按雇佣期间和单位工资支付报酬。

对于雇主需要投入一定资本并且劳动成果可能还有一定的不确定性的活动，分成式分配模式有可能被采用。例如，巴县档案 6-3-4723 嘉庆十五年“本城廉里二甲民陈义章具告刘文林等恶棍朋伤等情一案”，被告刘位诉词中称自己为余姓喂猪除本分利。这里余姓雇佣刘位养猪，不是付给固定酬劳，而是约定扣除本钱后和雇工收入分成。在本案中刘位称去年冬天将养成的猪卖给胡四，猪价一千九百文，余姓收去一千文，自己收了二百文，买主还欠七百文。卖了一千九百文，雇主收去一千文，雇工应得九百文，可能本钱花销就是一百文。这个一百文多半就是买猪仔的钱。这个案子中猪仔应该是雇主投入的，但是所养的猪最后能卖多少钱开始是不确定的，雇主认为猪养得好不好与雇工的劳动态度有密切关系，为了激励雇工多干活、干好活，所以和雇工约定分成分配。

固定工资或分成制通常适用于长期雇佣，至于临时雇佣，劳动报酬的支付方式更为灵活一些。巴县档案 6-4-5858 咸丰四年五月“本城喻兴泰告彭兴顺代买石料欠钱不给行凶一案”是一起临时雇佣的例子。本案中喻兴泰控告彭兴顺欠工钱不给。原告声称当年正月彭兴顺请他代买石料，议定抬力山本每个石墩价钱八十五文，每日点工身钱一百二十文，即劳动报酬的支付采取计件结合计时支付的方式。此案中彭兴顺雇佣喻兴泰代买石料，任务完成雇佣同时终止，因此雇主和雇工约定按工作任务和时间支付报酬。即就特定劳动事项也就是代买石料一事付给报酬。

除了按约定或约定计算方式支付薪酬的帮工形式以外，清代巴县还广泛存在一种不付报酬的雇佣形式——招募学徒。学徒通常是指在一定期限内不拿工钱给人帮工同时学习技艺的人。和学徒相对的是师傅，师傅是负责传授技艺并能在一定年限内得以无偿占有学徒劳动的人。从实质上看，师傅招收学徒显然也是一种雇佣，不过师傅（雇主）支付的不是有形的工钱，而是无形的技艺的传习。尽管如此，招徒作为一种特殊的雇佣形式，也有明显有别于普通雇佣的地方。

巴县档案 6-4-5864 咸丰四年八月“本城郑文品以夯骗统凶告冉正榜一案”中附有一份学艺文约和一份领约，也就是徒弟拜师和师傅收徒的契约，我们可以从中对师徒在这种特殊雇佣形式中的权利义务关系有一个直观的了解。

学艺文约：

立出命侄投师学艺文约人郑文品，情因堂弟郑文升□□亡故，膝下仅存一子郑仕尧年幼无人抚养，经凭族亲说合，投拜冉正榜名下学习机房织布生理，凭众议定九年手艺出师。出师之时，外谢师鞋靴不得短少，其有学者不孝，在师吃费全任。至于交（或为教，原文如此，下同）者不交谢之礼全无。其□学艺年限□□有病疾是哭泣及进出银钱货物卷逃，一定有堂伯父交承当，自任赔还。诸事概不师尊相涉，但有仕尧逃钱孝艺务要听师教，不得疏忽懒惰。恐自误其艺，恐后无凭，特投师文约一纸为据。

凭族亲陈太荣、郑光满、傅太元、郑廷裕、楚仕明、李兴顺、郑仕廷、何清臣全在

道光二十五年十二月二十四日立出投师学艺文约人：郑文品同侄郑仕尧

领约：

立出领约人冉正榜凭众领到

郑文品同侄郑仕尧伯侄名下铜钱二十千文，□其钱无利。兹因郑仕尧父母双殁，幼稚无依，无人抚养，族内堂伯郑文品一力承当，命仕尧投拜冉正榜机房学习手艺，今将此钱随人□钱人两交清楚，约内注明无利。又因仕尧幼稚，其利以作连年学艺穿吃之费。俟后出师之□凭族亲□□□□如数交楚，两无异言，特立领约一纸为据。

凭族亲陈太荣、郑光满、傅太元、郑廷裕、楚仕明、李兴顺、郑仕廷、何清臣全在

道光二十五年十二月二十四日立出领约人：冉正榜

上述两份文约中，学艺文约是徒弟的家长送子侄拜师的契约。本例中，拜师人是郑仕尧，书立学艺文约的人是他的堂伯郑文品。领约是收徒人接受拜师礼金立下的契据，本例中立出领约的人是师傅冉正榜。两份文约虽然都是单方承诺的形式，但互为印证，构成一个实际上的双务合同。从双方所立契约中，我们可以大致了解师徒关系的内容和性质。清代师徒关系中，师傅的权利是可以收取谢师礼，使唤徒弟干活；义务是提供徒弟基本生活保障和教授技艺；徒弟的权利是学习技艺，义务则是支付拜师礼金、孝顺师父、听从师傅指派。此案中学艺年限是九年。可以想见，这九年中前面几年估计徒弟主要是帮师傅干些杂活，然后或许开始学艺，等到熟练之后就是免费劳动力了。不过九年学徒生活大概是比较难熬的，所以这个案子中，郑仕尧中途逃走引起了一场纠纷。按约定学徒如果携款卷物逃走，保送学徒的家长还要承担责任（此案中因徒弟虽然逃走但并无卷款情节，故官府判决投师银如数退还），这足以说明学徒式雇佣是有一定人身强制性的。

以拜师学艺文约为凭，师徒关系不同于普通雇佣。中国文化中的“师徒如父子”，使本质上属于一种经济关系的师徒关系蒙上了一层温情脉脉的面纱，这种拟制的亲情赋予了师徒之间不同的尊卑身份。三纲中的父为子纲，五伦所谓“天地君亲师”，都给处在尊位的师傅一种伦常上的支配地位。在学艺期间，师傅对徒弟有一定

的人身强制性，师傅可以使唤徒弟干各种琐事杂事。师傅又称“师父”，“一日为师，终身为父”。师徒关系的宗法性带来的结果是即使徒弟已经出师，但曾经的师徒关系仍然在一定程度上对徒弟构成约束。

例如，巴县档案 6-3-4655 嘉庆十一年“本城民胡谦诚具首张君用估骗布银等情一案”：胡谦诚是张君用的师傅。嘉庆十一年七月二十三日，胡谦诚首（尊对卑的控告称首）张君用欠银，共该本利银六百五十余两。八月十七日，张君用具诉状叙述师徒二人的过往：张君用在胡谦诚处学徒三载，乾隆五十二年，在胡谦诚、王崇学三门洞伙开布店帮工。（实际上张君用从学徒伊始，就在师傅与人合伙的布店帮工）五十九年，胡、王二人分伙，六十年，胡谦诚在捕厅控告合伙人王姓，张君用也被牵连其中。当时巴县陈县令讯断，令张君用缴银十两。胡谦诚不服又控至捕厅及后任巴县李县令。李县令委派陕西、江西两省客长清查理处，众人劝说张君用念师徒之义给胡谦诚银五十两。判决后张君用一时间不能缴纳此笔款项，受到比责。后范德兴承值付清。八月三十日，巴县衙门审理查明张君用并不欠胡谦诚任何款项，但考虑到二人之间的师徒名分，知县断令张君用给胡谦诚赔礼，次日双方具结结案。但不几天胡谦诚又具呈称不服判决。这个案子中，胡谦诚、张君用曾经是师徒。所以胡谦诚尽管所告不实，也没有受到什么惩罚，反而是张君用因为曾是胡谦诚的徒弟，明明是被冤枉的，还得向师傅赔礼道歉。可见学徒式雇佣是一种有着浓厚宗法色彩的雇佣模式。

从巴县档案看，在清代工商业经营中，普通雇佣和招徒雇佣占主要地位的应该仍是普通雇佣，招徒雇佣仅仅适用于雇佣廉价的经常还是未成年的劳动力。

二、雇主义务

在雇主和雇工的关系中，雇主无疑处在优势地位，师徒关系中师傅的优势地位当然更不在话下。那么处在优势地位的雇主（师傅）对于处在相对弱势地位的雇工（徒弟）的权利或利益是否也负有某种照顾或保护的义务呢？从司法档案中，我们可以看到，清代虽然没有劳动法，但雇主对雇工还是有一定的义务的。

雇主义务首先当然是支付工资。雇工工资一般来说是由雇佣双方协商确定，但工资高低也在一定程度上受行规惯例的影响①，这可以被视为雇主集团对雇工群体的一种基于习惯的义务。例如，巴县档案 6-3-4750 嘉庆十六年“高邦远、吴启和为滥工规欠工资喊禀谢利川等一案”：高邦远等在谢利川等的通草铺切片子（应该就是切草），五月初八日，向县府喊禀控告雇主谢利川等不按行规给付工资。原告称行规切草包饭食工钱九分四厘一天，不包饭食工钱一钱四分四厘一天，而被告谢利川仅给六分四厘。案件审理中，被告谢利川解释说因生意不好才减少工钱，原来切草一斤半给工钱一钱四分，后来改为九分，也就是说原告和被告之间是按劳动任务约定工钱的，而不是像高邦远等所说是按日结算工资。被告同时反诉原告该欠饭钱（可知是不包饭食雇佣）。县令查明高邦远等人其实是因为被谢利川辞退心怀不满提起控告，对他们进行了处罚。这个案件最后是以原告败诉终结，不过通过这个案例，我们还是可以知道雇主支付工资也并不能随心所欲，还是要在一定程度上遵循行业惯例。

给付工资，或者说按不低于行业惯例的标准给付工资可以说是雇主的基本义务，也是雇工加入雇佣关系的根本目的。但是说到雇主义务，我们通常关注的实际上是雇主在雇佣中的附随义务，也就是除了给付工资，雇主对雇工还应该有的保护、照顾的义务。这方面的资料不多见，但也有一些实例。例如，巴县档案 6-4-5794 咸丰元年三月“本城兰洪顺以设栈房生理，有患疾病来栈住，他坐视不睬喊刘麻二一案”：刘麻二的帮工杨大岸在客栈居住期间生

① 例如，一幅咸丰五年九月十九日北京西纸行做工阖行弟子公立的纸行会馆匾额规定：“大三五，每刀增长钱八文。成文连，每刀增长钱六文。三八连，每刀增长钱六文。中连子，每刀增长钱六文。官纸连，每刀增长钱六文。做上工人夫，工价每月增长钱五百文。”纸张涨价，工人工价随之提高。载彭泽益选编：《清代工商业碑文集粹》，中州古籍出版社 1997 年版，第 24 页。

病，栈房主兰洪顺向官府控告刘麻二，县令断令作为雇主的刘麻二送杨大岸还乡。此例中雇主刘麻二之所以被要求送患病雇工回乡，就是基于雇主对雇工的一种附随义务。

至于学徒式雇佣中，师傅（实际上的雇主）要承担的义务主要是教艺，按前面郑文品投师文约的表述，如果师傅不教徒弟，谢师礼就没了。但教授技艺这一基本义务之外，师傅对徒弟有无附随义务呢？看上文所引的师徒合同，徒弟生病还是由其家长负责。

再看另一则投师文约：

> 谭必贵投师文约：
>
> 立出投师文约人谭必贵
>
> 今将长子继光送到师父张益顺门下学习水烟袋手艺生理，当日三家面言，三年为满师，□□给徒浆洗钱四千文。自投师以后，任从师父教育，倘若徒弟不学满年，每月认师饭食钱千二百文。倘若师父不教满年限，每月给徒工价钱千二百文。徒弟若有三病两痛，各自调养。倘若徒弟不听教育，黑夜搬走，拐带食物，亦应由总成黄金俸（原文如此）赔出，不得异言，不与师父相涉。今空恐无凭，立出投师文约为据。
>
> 在见人：陈大茂、张庆顺、杨洪盛
>
> 代笔：吴国福
>
> 道光十四年九月十二日
>
> 立出投师文约人谭必贵①

这份文约也说“徒弟若有三病两痛，各自调养”。这说明至少从师徒契约上，看不到师傅是否还要对徒弟承担其他附随义务。

至于实践中由于师徒父子的名分，师傅可能或多或少也会对徒弟有一定的照顾义务。我们可以看一段清人小说中关于学徒生活的描述：“那学徒说道：‘小人姓朱名叫阿狗，人家都叫小的做朱狗，

① 四川大学历史系、四川省档案馆主编：《清代乾嘉道巴县档案选编》上册，四川大学出版社1989年版，第376页。

今年十三岁。'侯中丞见他说话伶俐更觉喜欢，又问他道：'你在那裱糊店里赚几个钱一月？'朱狗道：'不瞒大人说，小的们学生意是没有工钱的，到了年下师傅喜欢便给几百文鞋袜钱；若是不喜欢，一文也没有呢。'侯中丞眉花眼笑的道：'既是这么样，你何苦去当徒弟呢？'朱狗笑道：'大人不知道，我们穷人家都是如此。'"① 小说的重点不是写学徒生活，不过只寥寥几笔便已经把学徒的境况勾勒出来了。这"年下师傅给的鞋袜钱"也可以算是师傅对徒弟的一点照顾了，因为按照合同，学徒是完全免费的劳动力。年节的钱原是可给可不给的，不过估计给的雇主还是挺多的，因此便成了一种惯例。

大体而言，雇主义务是存在的，不过从实际情况看，这种义务的确非常有限。

三、雇佣纠纷

雇主和雇工在某种意义上是一个利益共同体，没有雇工，雇主的生意可能就做不下去；如果雇主的生意倒闭了，雇工也就没有了活计。但雇主与雇工又是有着不同经济目的的两个群体，他们之间发生纠纷也是不可能完全避免的。从巴县档案看，清代雇佣纠纷主要有这么几类：雇主拖欠工资，雇工把持雇佣和侵吞财产。

雇工出卖劳动力的目的在于工资，因此拖欠工资就成为雇工控告雇主的最主要的诉由。例如，巴县档案 6-3-4747 嘉庆十六年"王仕鳌等为追恳工银具禀沈成鳌、沈保良等一案"：王仕鳌受雇为沈成鳌炒铁，控告沈成鳌拖欠工钱。庭讯属实，在官府比责之下，被告沈成鳌在一个月内付清了欠王仕鳌等炒铁工价银三十两零二钱四分。

另外还有一个案例，巴县档案 6-4-5796 咸丰元年三月（卷宗标题日期有误，应是咸丰四年）"本城陈昶轩告熊同声因帮他麻

① （清）吴趼人：《二十年目睹之怪现状》第八十三回，清光绪本，第438~439页。

行，勒掯不给银，朋凶伤案”，原告陈昶轩在熊同声麻行帮工，控告雇主熊同声不给工银。经审讯，官府断给二十两。

上述两个案子似乎说明官府在保护雇工的工资利益上还是相当积极并且富有成效的。不过通过官府追讨欠薪也并不总是一帆风顺。下面这个案子的主人公就没有那么幸运。巴县档案25嘉庆二十四年“本城直里八甲民张永奎具首刘天佑等逆甥凶骗等事一案”（此案系档案整理者自行编号）：嘉庆二十四年闰四月，张永奎控称外甥刘天佑、刘天忠兄弟二人开煤厂，嘉庆二十三年九月十二日，请自己的弟弟张永发在煤厂挖炭，议定每月给工价钱一千八百文。当年三月二十日算账，前后共该张永发工钱十二千八百文（这个数字貌似有点问题——作者注），刘氏兄弟承诺四月前如数清还，但是过期却分文未给。后经他人调处，刘氏兄弟答应给付但还是再次食言。官府批准了张永奎的控告，但一直未能将被告传唤到案，原告的催呈中更指差役有意拖延。可见通过官府追讨欠薪也不是一件那么容易的事。

在雇主雇工关系中当然不会仅仅只有雇工一方的权利可能受到侵害，雇主在某些情况下也可能成为受害方。如果说追讨欠薪主要是雇工就雇主不履行义务请求官府救济，控告侵吞则是雇主要求官府保护自己的财产权利。下面的几个实例告诉我们，雇主控告雇工侵吞，并不像雇工控告雇主拖欠工资那样单纯，最后的结果往往也不全是欠债还钱那么简单。

巴县档案6-3-17075道光十一年十月“孝里一甲廖大义开丝线作坊，告徒弟（其实是廖大义的侄儿夏应先的徒弟）夏子寿驼骗蚁铺内伙计卢大顺钱货银两潜逃案”：夏子寿趁廖大义和夏应先往省城卖货，用廖大义的招牌骗去客户郑致中线货银三十两，又从卢大顺手上骗取线货银四十两。官府受理了廖大义的控告。道光十一年十月三十日，经过审讯，巴县县令断令夏子寿书立三十两字据给夏大义，限期还款，夏子寿取保释放，案件结案。至于郑致中、卢大顺被骗之款则由廖大义自行开销。这个案子并不复杂，廖大义和侄儿夏应先应该是合伙关系，夏子寿既然是夏应先的徒弟，也算是铺内帮工。官府经审理查明夏子寿一共骗得货银七十两，但县府只判决夏子寿赔偿廖大义三十两。也就是说即使收回这三十两，因为要支付卢大顺和郑致中的被骗的款项共计七十两，廖大义还是会损失四十两。如此判决，原因何在？究竟是因为徒弟没有收入还是因为身为雇主的廖大义也应对廖子寿的行为承担一部分责任呢？极有可能两方面的原因都有。

和这个案子类似，巴县档案 6-4-5841 咸丰三年八月“本城陈洪明没瓷器，告邦工王永清蓦卖吞肥案”：咸丰三年八月二十六日，行户陈洪明喊控他的雇工王永清，称王永清将客商胡合美的瓷器八仔酒盅一篮盗卖。当天官府进行了审讯，王永清拒绝承认，但脚夫李大汉等人作证称王永清盗卖属实。不过王永清盗卖的瓷器价值多少不能确认。县官于是断令陈洪明邀请瓷器货主即胡合美的客户，一位姓向的商人到案对质，以便查清究竟丢失了多少瓷器。这期间王永清被羁押在旅店。十月初二日，县府复讯，胡合美到案称失去瓷器是实，并提供了丢失瓷器的价值。县令作出判决，断令雇主陈洪明赔偿胡合美瓷器价钱十六两，王永清赔偿陈洪明银八两。这个案子也是雇工赔偿一半，雇主自负一半。

上述两个案件有不少共同点，都是雇工在雇主的名义下侵占他人财产，金额也都是不大不小的数字。因为都存在利用雇主名头的情况，如果不能追究雇工，雇主无疑将承担全部的赔偿责任，这应该是雇主提起诉讼的原因，而诉讼的结果则是雇主和雇工分担责任。官府这样处理的基本思路也许是认定雇主作为商铺的所有者和经营者要对客户的损失承担责任，雇工侵占客户钱财的行为实质上是对雇主利益的损害，但基于雇佣关系，和雇工的实际经济能力，只要求雇工承担一半赔偿责任。也可以认为雇佣关系的存在使雇主对雇工的侵权行为产生了某种类似连带责任的影响。

但是这种连带责任只存在于稳定的雇佣关系中，对于临时雇佣则不发生效力。例如，巴县档案 6-4-5802 咸丰元年九月“本城杨永合以与他送米，收钱失掉，不依争执，扯毁衣服，喊李代顺一案”：咸丰元年九月二十一日，脚夫杨永合受雇帮李代顺送米并受托代收米钱四百一十文。送米回来后，杨永合声称遗失米价三十二文。李代顺不信，（估计搜身了）发现杨永合身上恰有三十二文，二人于是发生争执。李代顺喊控到县府，当天进行的审讯中杨永合被笞责。这个事件中脚夫杨永合只是临时受雇，且他所侵占的货款此时所有权已经转移至雇主，所以他被裁定承担全部责任。当然由于被声称遗失的钱款已经找到，本案不存在赔偿损失的问题。

上述案件中雇主的控告中，无论钱款能否当即追回，但经过官府干预，都有了一个明确的结果。不过官府也不是万能的，如果被控雇工逃匿，官府也常无可奈何。例如，巴县档案 6-3-4649 “本城民郑先茂具告赵文华串套滚骗等事一案”：嘉庆十二年十一月，郑先茂控赵文华、饶旭华等套买竹笋，称行客赵文华推荐他的表弟饶旭华到铺内帮工，饶旭华的亲戚王浩先和饶景堂在行内赊买客商竹笋十包，共该欠银子一百三十四两。事发后，饶旭华逃匿无踪，王浩先和饶景堂则声称货款交给饶旭华了。官府出票后唤到赵文华，饶景堂患病，王浩先不在巴县管辖地，最主要的被告饶旭华杳无音信。年底差役禀报县令称原告也不到案，县令于是批示销案。因为主要的被告找不到，雇主的损失当然也就无从追讨了。

雇工侵吞逃匿，雇主通常唯有自认倒霉。但是如果有雇佣担保人，雇主还可以要求担保人承担保证责任。例如，巴县档案 6-4-5803 咸丰元年“本城郭宗顺告管应才担保伊子帮贸挑运私代逃匿案”：管应才担保儿子替郭宗顺帮办买卖，不料，其子携款三十八两私逃。五月二十日，郭宗顺喊控管应才。县府谕令将管应才管押，限他三日内把儿子找回来归还欠款，但是没有结果。后来虽经数次宽限，管应才的儿子却仿佛彻底失踪，一直没有消息。此后由于管应才不得自由，管应才的母亲上控知府，案件批发到巴县。经县令同意，八月二十八日，由伍洪顺将管应才保出，管应才则承诺一月内交人交款。但直到九月二十三日，原告禀称管应才之子仍无下落。县令批示传知保人，如再抗延提保人究追。之后案件不了了之。此案中雇工侵吞货款，雇主直接控告担保人。官府要求担保人交人交款。不知是所有雇工都需要保人，还是雇佣未成年人才需要保证人？从其他案件看，成年雇工似乎没有看到有保证人的，多半是只有雇佣未成年人或学徒需要有人担保。

雇工控雇主拖欠工资或雇主控雇工侵吞财产都直接涉及金钱利益，

而第三类雇佣纠纷“把持雇佣”表面上看与金钱无关。把持雇佣是在雇佣关系中，雇工对其他雇工的一种排斥行为。这种行为通常直接针对其他雇工，但是常常也会妨碍营业，最终损害雇主的利益。

巴县档案 6-3-17021“本城李大顺告郑子琴为□码头抬至镇江石墩不给钱案”就涉及这种情况。李大顺是石匠，打石运至河边，要雇力夫搬抬。力夫郑子琴素来不依时市多要价钱，李大顺不愿雇他，他就不许别人搬抬。李大顺向官府控告，县令谕令凭众议处。众人评议自千厮门到镇江寺，一丈力资八十文。郑子琴不遵，仍然行凶，李大顺再控。道光二十八年十二月二十二日，县府断令仍依所议价钱不得把持。这个案件中，雇工势大，试图把持雇佣，雇主无奈只得求助官府。

另巴县档案 6-3-4730 嘉庆十五年“本城民谭元泰具禀刘祥万挟忿嫉妒等事一案”：三牌坊仁和药材行行主将原来的行址废弃，另起房屋，搬迁新址，仍用原来行帖经营，并将原雇管行的刘祥万三人辞退，重新雇佣谭元泰等管行。但刘祥万等声称，祖上曾经付过顶打银八十四两，如今失去业务，要求谭元泰等每年补偿十两银子。谭元泰等不愿意给这笔钱，因不堪骚扰向县衙门控告。嘉庆十五年七月初七日，谭元泰等具控，七月二十三日，官府庭讯，认定刘祥万等把持行户，对被告人等进行了惩罚。这一案件中被行主辞退的帮工勒索新雇佣的帮工。官府否定了原雇工要求补偿的主张，认可了新雇工们的主张，间接支持了雇主自主雇佣的权利。

上面两例把持案件是比较明显的利益之争，也有的把持表现为破坏佣工秩序。巴县档案 6-3-17065① 是道光十年十月的一个案件，起因是雇工之间的纠纷。张裕丰开设机房，经营纺织。经骆天顺举荐，张裕丰雇佣许大（许文忠）在机房纺线。但许大不知何故（也许是希望独占活计），不让同在机房干活的骆天顺做活。张裕丰估计是阻止无效，将许大扭送官府。县府庭讯后断令将许大取保开释，训谕其日后不许滋事。这事件中雇工许大的把持行为虽然直

① 卷宗原题“本城张裕丰开设机房告许大雇蚁帮工平白凶横把持停工一案”有误。

接针对的是另一雇工骆天顺，但同时也破坏了机房主张裕丰的正常经营，官府应雇主请求对雇工的把持行为进行干预，保护了雇主的利益。

雇工寻求官府干预追讨劳动报酬，雇主通过诉诸官府减少雇工侵吞财产的损失，雇佣中的把持行为受到官府干预，可以说清代的地方政府通过对雇佣纠纷的处理，也在一定程度上维护了正常的工商秩序。

清代巴县工商业经济的繁荣是雇佣种类众多，当然也是雇佣纠纷频发的一个主要原因，从前述事例中，可以看出涉及雇佣的行业众多，既包括矿冶业、纺织业这样的手工业部门，也包括行号、栈房这样的商业服务业。雇佣人员的层次上既有管行的经理人，也有单纯提供劳务的佣工。用工的方式也多种多样，有长期雇佣，也有临时雇佣，有工资工，也有学徒工。从雇佣双方的权利义务看，雇佣双方是比较单纯的出卖劳动力和支付劳动力价值的关系，即使是有着比较明显的人身依附关系的学徒工，师傅对学徒在学艺期间的疾病和其他人身意外也是不负责任的。至于一般雇佣中，当雇工患有严重疾病丧失劳动能力时，雇主最多也只是资助其还乡而已。而雇工为雇主老老实实干活是基本要求，不得侵吞雇主财物是行为底线。从官府对雇佣纠纷的处理看，官方一方面保护被雇佣者要求按约定劳动报酬的权利，另一方面也维护雇主自由雇佣的权利。对于雇佣纠纷，除非收到雇主或雇工的控告，官府不会主动介入。此种被动态度说明官府处理雇佣纠纷的价值取向是维护基本的工商秩序，而非保护弱势群体利益或促进经济发展。

第三章　消费纠纷

清代本没有消费和生产的法律概念，不过，消费行为是必然存在的。这里之所以专列一章讨论消费纠纷，是因为希望探讨如果大体上按照现代意义上的消费概念考察清代巴县的消费纠纷，是否能够得出某些具有规律性的结论。从中国现代法律意义上讲，消费活动的内容不仅包括为个人和家庭生活需要而购买和使用产品，而且包括为个人和家庭生活需要而接受他人提供的服务。消费者则指那些为个人的目的购买或使用商品和接受服务的社会成员。消费者与生产者及销售者不同，他或她必须是产品和服务的最终使用者而不是生产者、经营者。也就是说，他或她购买商品的目的主要是用于个人或家庭需要而不是经营或销售，这是消费者最本质的一个特点。作为消费者，无论是购买和使用商品还是接受服务，其目的只是满足个人和家庭需要，而不是生产和经营的需要。新瓶旧酒，我们姑且就按这个界定来考察一下清代巴县的若干消费纠纷的案例。

清代巴县民众的生活中有哪些消费行为呢？如果从自给自足的农业社会来看，消费行为应该是比较少的，因为粮食可以自己种，肉食可以来源于自家喂的猪、养的鸡，蔬菜也来自自家的菜园，甚至身上穿的衣服也完全可以自己纺织、缝制。不过前面我们已经分析过，在自然的农业经济的大背景下，巴县算得上工商经济都比较发达的一个小社会。所以我们还是可以看到不少消费行为和随之发生的消费纠纷。这其中巴县档案里最常见的消费行为是在餐馆就餐，旅店住宿，乘坐交通工具。

巴县消费纠纷大体上有两种类型：其一是消费者的不法行为，其二是经营者损害消费者利益。从巴县档案中的案例看，似乎消费者方面的不法行为占的比例相对较大。首先是因为赊账而发生的纠纷，其次是价格纠纷。

一、纠纷种类

1. 赊账纠纷

俗语说“一手交钱，一手交货”，钱货两清是最不容易发生纠纷的交易方式，但是现实生活中赊账还是时有发生。巴县档案中赊账纠纷数量众多，是最常见的消费纠纷。

巴县档案 6-4-5918 咸丰六年“太平坊潘大川喊控王朝德买酒无钱口角冀赊逞凶事一案”：许万顺经营酒铺。六月初三日夜，王朝德到许万顺的酒铺买酒喝，酒铺雇工王祥泰要求他先付钱再喝酒。王朝德的哥哥是义勇，王朝德觉得自己有所倚仗，不仅不付酒账，还将王祥泰打伤。酒店老板于是投诉当地士绅。六月四日，职员潘大川、汪正兴就向县衙递了呈词（这种有一定身份的案外人的文书通常称为禀，不是状纸，但功能和告状差不多），县令受理了举告，将王朝德处罚后交保释放。

大概是因为酒馆里赊账的事不少，因此还有人以此为由行诬告之事。比如，巴县档案 6-4-5853 咸丰四年“本城邓玉泰告潘明清等饮酒欠钱不给，凶殴伤文质一案”：邓玉泰称堂弟邓文质在凉水场经营酒馆生意，潘明清等在酒馆吃酒，要求赊账，邓文质不肯，被潘明清等殴伤，卧病在床，饮食难进。后来经过审讯，县令发现邓玉泰不仅有向被告勒索金钱的前科，而且本次控案也纯属诬告。邓玉泰因此被处以枷号以示惩戒。

赊账纠纷最常发生在酒馆，不过别的消费场所也不能完全幸免。巴县档案 6-4-5856 咸丰四年“本城陈玉顺以不守清规，在酒馆估赊估欠告僧永发一案”实际上发生在一家茶馆。三月初一日，僧永发赊买开茶馆的葛李氏的油粑，葛李氏不准，永发将李氏掌殴倒地，还拿着刀要杀人，好在有邻居李光朝拦阻，李氏得以免于受到进一步的伤害。三月初四日，客长陈玉顺、尊亲周大德（永发系其堂外孙)、邻居李光朝禀送永发和尚到案，称永发“一向不守清规，私开五荤”。经葛李氏出庭作证，永发和尚被官府判令驱逐出庙。

住店客人一般不是先付钱，往往离开时才结账，结账时易生变故，因此旅馆同样是消费纠纷常发生的地方。巴县档案 6-3-4692 嘉庆十三年“本城智里六甲民高仁和具告程玉福等昧良凶骗等事一案”：高仁和开栈生理，程世兴、程玉福及其母程胡氏因讼案住店，欠下食寓费用七千六百五十文。后程世兴病亡，高仁和代买棺木又垫银五两。高仁和于十三年八月十八日具控称讨债不遂反被程玉福殴伤。县令批示刑仵验伤，但卷中仅有控状，并无下文。

赊账之所以引起纠纷，缘于一方要赊，一方不许。究其原因，最常发生赊账纠纷的餐饮、住宿行业惯例上是现金交易，现收现付，要求赊账多半是准备赖账，经营者对这一点是非常清楚的，所以肯定不会同意，这样就不可避免地会发生纠纷。

2. 价格纠纷

价格纠纷是出售商品/提供服务和购买商品/接受服务的双方对商品或服务的价格认识不一致而发生的纠纷，也是一类比较常见的消费纠纷。价格纠纷中，买卖双方对交易的基本内容不能达成一致，导致交易的根本目的无法实现，也是主要的消费纠纷。从案例看，这类纠纷由于双方所居立场差异较大，也极可能酿成身体冲突。

例如，巴县档案 6-3-7096 嘉庆二十五年十二月“周正禄禀唐尚贵欠蚁抬轿工钱一案”：周正禄是巴县人，年龄二十七岁，家有四兄弟，周正禄排行老二未娶妻，平素在轿铺抬轿生理。本月十四日中午，唐尚贵雇周正禄的轿子送他的亲戚程姓回家，说定工钱三十四文。但当周正禄送完客人，回头找唐尚贵拿钱时，唐尚贵只肯给三十二文，还将其打伤。第二天周正禄到衙门控告唐尚贵，验伤发现周正禄下唇因拳伤红肿，右臂因垫伤微青。卷终。尽管清代司法档案中不乏告状人为索讨欠款捏造伤情的情况，但此案中周正禄的伤还是很有可能是真的，因为按他的说法，唐尚贵只差他两文钱，如果没有人身伤害行为，周正禄为两文钱跑到衙门告状几乎不可想象。

3. 寻衅滋事

需要现场服务的消费行为，在服务过程中可能发生纠纷。寻衅滋事是消费者在消费场所的不法行为，寻衅滋事行为给经营者轻者带来麻烦，重者造成人身和财产的损害。

巴县档案 6-3-4771 嘉庆十七年五月“本城忠里二甲民陈学泮具告龚绍茂等恶痞持刀等事一案”：食客龚绍茂因认错酒壶，辱骂卖酒的李儒云，陈学泮从旁劝说，被龚绍茂等殴伤。陈学泮告到县衙，铺民、约客陈文贵等为原告作证，官府将行凶滋事的龚绍茂等人责惩。

另一例，巴县档案 6-3-4641“本城民梁发祥等具告简文臣等结痞棍凶伤等情一案”，嘉庆十年六月十八日，约客梁发祥等具禀控告简文臣、简三、简二、李姓、李老七等人，称十六日简文臣等估赊张廷芳、吴姓酒食不给钱文，食肆主人讨要酒钱反被他们凶殴。简文臣等还打毁了张廷芳的家具什物。此例中，食客简文臣等在食肆喝酒吃饭，因店家不肯赊账就大肆打砸破坏，是典型的寻衅滋事。值得注意的是，此案告官的并非受害人，而是地方的基层组织“约客”。

酒馆中食客寻衅滋事打砸伤人相当常见，下面这例也是打砸事件，不过此例中遭打砸的是一位开酒铺的客长。巴县档案 6-4-5831 咸丰三年“忠里五甲胡正发禀送韦水烟到铺食酒，不给钱打毁家具案”：胡正发充任客长，开酒铺。三月十三日赶场之期，韦水烟到胡正发的酒铺饮酒吃饭，该钱二十文不给，发酒疯打毁桌凳，还在身上藏了一把酒壶。三月十五日，胡正发和约客揭义顺将韦水烟送案。县令审讯属实，断令将韦水烟掌责枷示。四月十八日，一月枷满释放。

这些寻衅滋事的事件再次证明酒馆的确很容易成为是非之地。或许因为酒能为人们生活增添情趣，也能使人情绪激动，酒徒们更容易作出冲动的行为。

寻衅滋事起因也是消费，但从最终造成的财产和人身损害看，基本上就属于治安事件了，所以上述这些案件的处理中大多有邻里或乡约、客长等的参与，他们或是在现场阻止打闹伤害行为，或是代表社区将闹事者送交法办，至少也会在事后充当见证纠纷的证人。这一方面说明清代地方政府并没有足够的可以深入基层的社会治安力量，另一方面也是基层邻里组织作用的一个体现。

4. 货币兑换纠纷

清代流通的货币有银有钱，一般来说大宗交易用银的多，小额买卖则基本上用钱。这样对于有钱无银，或有银无钱的人，就有可能需要根据交易的需要或携带的方便进行银钱的兑换，于是一种提供银钱兑换业务的商铺——钱铺应运而生。人们在钱铺将银换成钱，也可以将钱换成银。这种交易因为涉及银钱的真伪的鉴别也可能发生纠纷。

例如，巴县档案 6-4-5897 咸丰五年“治平坊刘三益开钱铺，有造假银换钱获不梦省，反串汪卷搂控刘学海一案”：刘三益开三益钱铺，刘学海在三益钱铺用一两银子换钱，结果三益钱铺的人发现他的银子是假银。刘三益向约邻陈兴发、甲长许和泰投理，刘学海自认理亏向众人求情，约邻、甲长未将其送官。没想到，刘学海却到衙门控告刘三益“串诬卷搂”（大概意思是刘三益串通邻里人等污蔑他使用假钱，目的是白拿他的银子）。刘三益提交诉状说明是刘学海诬告，约邻许和泰等人也于同日（九月二十八日）具禀支持刘三益的说法。此案中，刘学海用假银换钱究竟是无意还是有心，案卷中没有交代得很明确，不过从描述看出其故意的可能性较大。按清律“私铸铜钱”条，“伪造金银杖一百徒三年，知情买使者减一等”① 刘学海应该被判处徒刑，不过也许是他使用假银数额较小，所以约邻等人也就未予深究。

巴县档案 6-3-4592 嘉庆二年“本城临江坊民尹全顺与伙计方世荣具告郑福等殴毁图赖等情一案”也是一起因换钱而起的纠纷。

---

① 田涛、郑秦点校：《大清律例》，法律出版社 1999 年版，第 512 页。

郑福是北京人，在酉阳州杨大老爷处充当长随。嘉庆二年三月初一日，郑福在尹姓钱铺换钱，被说是假银，双方发生口角，其间郑福的三锭银掉在尹全顺的钱铺里。（从案卷中看好像是郑福在争执中自己将银子扔掉的，尹全顺是否说过郑福的银子是假银，不详）郑福因此到巴县衙门控告尹全顺夺去银两并指使人扯去自己的小帽、扇套、小刀等随身物件。此案中郑福遗失的银两经街邻杨千顺、方仕荣找回。县令断令将杨千顺等所缴潮银倾净足色（回炉提纯），赏尹全顺一两，余下的银子让郑福领回，并警告郑福如再滋事，定行枷责不贷。这个案子从审理结果看多半是作为顾客的郑福没理。

钱铺里的纠纷焦点常在银钱真伪上，真假相关利益甚大，主客双方往往因此发生争执，甚至引发肢体冲突。

二、消费纠纷处理

消费纠纷的处理方式一般来说包括自力救济、当事人和解、官府审断等。庭外解决多取决于当事人意思自治，通常表现为过错方对所造成的他人的直接损失进行赔偿。而官府审断这类纠纷则视情节而定，对于有明显寻衅滋事情节的案件，往往会采取比较严厉的手段进行责罚。

对于自力救济，清律“违禁取利”条规定：“若豪势之人于违约负债者不告官司以私债强夺去人孳畜产业者杖八十，无多取余利听赎不追。若估所夺畜产之价过本利者，计多余之物，罪有重于杖八十者，坐赃论罪止杖一百，徒三年。”① 也就是说在不超过欠款金额的限度内债权人是可以实施牵掣，进行自力救济的。当然自力救济不一定能成功。巴县档案 6-4-5916（这是一个单独的案件，但被错归入与前面案件同一个文号中）：廖连发驾船为生，咸丰六年八月，运货到涪州，往涪州行医的唐裕生出钱八百文包廖连发的船来巴县。登船时唐裕生先付了二百文船钱，约定船只抵达时付清余

① 田涛、郑秦点校：《大清律例》，法律出版社 1999 年版，第 264 页。

款。结果船到朝天门码头，唐裕生不付船钱，廖连发就脱了唐裕生的马褂作抵。唐裕生不肯，经旁人解劝，廖连发到衙门告状喊禀唐裕生。最后，县府断令双方一个付钱一个还衣具结息讼。这个事件中对于船客赖账行为，船主最初的想法是私力救济，弄一件褂子抵六百文了事。但是船客坚决反对，私力救济不成功，就只有诉诸官府了。

即使诉诸官府，当事人也可以在诉讼过程中和解。巴县档案6-3-4588嘉庆二年“本城孝里一甲李天梁具告范俸等痞恶统毁等事一案”：李天梁是开槽房（应该就是酿酒作坊）的。范俸（这人据说是当地一个寡妇余彭氏的招夫）到李天梁的作坊来买酒，范俸提出赊酒被李天梁拒绝，二人发生口角。争执之中，范俸打坏了酒坊里的一缸酒。李天梁因此上衙门告状。不过这个事件了结得很顺利。二月初六日，李天梁告状，二月初九日，官府发出传票。尚未庭讯，经过约邻殷太和、邓洪等人调解，范俸赔了酒，李天梁也表示不再追究，案件就此息销。这是一个酒坊里的消费纠纷，食客赊酒不遂与店主发生争执，其间还打碎了一缸酒，不过在店方起诉后，在约邻调处下双方达成了和解。

当然如果当事人不能和解，官府也会履行自己的职责，给受损害的一方一个说法。例如巴县档案6-4-5911咸丰六年“孝二甲永盛坊牟辉山（场约）以新开饭铺被恶痞估食告郭小五案”：六月十五日，永盛场场约牟辉山、值年街邻于大顺、赵恒泰、吕文光同店主吕兴顺控告称：“六月十三日，赶集场期，郭小五带五人在吕兴顺铺内共食饭钱一百三十七文，支使五人先走，伊来开给钱文，不料其不给钱文反行凶横肆闹，估在桌上吸食洋烟，投约邻等，理遣不从，送案。”郭小五等在吕兴顺的饭铺吃白食，被场约和店主送官，官府经过审讯将郭小五掌责。

官府对于一般的商业纠纷基本上不会动用刑罚措施，前面案件中吃白食被掌责算是小惩大戒。但是比较严重的寻衅滋事行为，可能受到严厉的处罚。例如巴县档案6-3-4726嘉庆十五年“本城杨柳坊陈嘉陵具告刘鼓眼痞棍殴毁事一案”：陈嘉陵开茶馆为生，刘鼓眼欠账五百文，陈嘉陵讨要茶钱，刘鼓眼不给反将陈嘉陵打伤。

陈嘉陵五月二十二日向巴县衙门控告，六月十一日，官府验伤。六月十三日，原告陈嘉陵禀称被告至捕厅捏控，六月十一日捕厅厅主审讯，抹和了结。但刘鼓眼出外仍寻衅，害陈嘉陵闭铺停贸。县令批示："仰原差即集案送审，毋稍迟延滋累。"六月二十三日巴县衙门集讯，六月二十五日复讯，县令断令将被告刘鼓眼枷示。七月二十五日，取保释放。刘鼓眼赖账五百文，本来不算什么大事，但出手伤人性质就不同了，再加上一案两控，在案件处理过程中尚且继续滋事，官府这才给予其枷示一个月的惩罚。

通过巴县档案中形形色色的消费纠纷，我们不免会产生一个印象，怎么这些故事中的铺户、东家好像都分外软弱，他们的顾客则一个个都是气势汹汹的地痞无赖？这是否也从一个侧面反映了巴县商业经营者所面对的经营环境呢？当然巴县的商业经营者在维护自身利益、保证正常营业方面也不是完全无能为力的。因为他们并非孤立无援，这种帮助有时来自热心正直的邻居们，有时来自基层社会组织比如乡约、客长、场头等。当邻里劝说无效，约客调处不果时，他们最后还可以求助官府、诉诸法律。而清代的地方政府虽然很少主动监察商业秩序，但还是乐于提供被动的裁判服务的。如此，商业经营者在对付赖账者、寻衅者时可以有一个最后的救济渠道。

第四章　工商业竞争

“世人熙熙皆为利来，世人攘攘皆为利往。”应该说有工商业行为，就不可避免地会存在竞争，现代社会的倾向是划定竞争规则并鼓励自由竞争。市场经济的本质就是竞争的经济，市场经济的核心和基本原则就是竞争。现代人相信自由竞争能带来技术进步、产品更新、服务提升，丰富消费者的选择，改善消费体验，并促进社会生活的改善和进步。尽管激烈的竞争也会给经营者带来巨大的压力，竞争失败也意味着社会资源在某种程度上的浪费，但和竞争带来的好处相比，这些弊端也都在可以接受的范围内。古人则不然，《诗・大雅・桑柔》中说“君子实维，秉心无竞”。荀子认识到“物不能赡则必争”，但他又认为“争则必乱，乱则穷矣”。迨至汉代，“罢黜百家，独尊儒术”，唯一认识到竞争不可避免的法家思想也趋于消解。至于程朱理学，主张“存天理、灭人欲”，更是从哲学高度消除了“竞争”存在的合理性。中国古代政府历来奉行重农抑商的国策，贬抑竞争则和重农抑商互为表里。清代巴县的工商业竞争情形及官府的态度与表现是这一原则的具体体现。

一、工商业竞争的存在

巴县工商业非常繁荣，各行各业都存在不同程度的竞争。从巴县档案中，我们可以了解到巴县工商业竞争一般多为同行竞争，但有时也偶有跨行竞争。

同行之间的竞争最为常见，因为同行间供应渠道相近或相同，销售对象相类甚或同一。同行间既有争买也有争卖，或为争夺货源争买，或为争夺客户争卖。

以下是争买的两个例子。巴县档案 6-3-4590 嘉庆二年“本城民邬复兴具告李恒和恃豪仗富夺买凶伤等情一案”：邬复兴是江西人，在巴县开广货铺。三月二十二日，邬复兴让刘姓伙计到古岗栈买客人蒲扇，已议妥价格，同开广货铺的李恒和也要买蒲扇，邬复兴的伙计因先已说好不肯退让，两人发生冲突。三月二十四日，邬复兴向官府提出控告称被李恒和夺买殴伤。县令批准验讯。三月二十九日，同为江西人的吴西载、谭升隆具息状称已经邀集两造调处，双方业已和解，县令批准撤销案件。

巴县档案 6-3-4644 嘉庆十年“本城民金花子喊禀熊双贵等一案”：金花子在较场卖旧衣服，十月十日和同行熊双贵、罗永发因争买二手服装发生口角，十一日金花子到衙门喊禀。经官府讯问，此案嘉庆十年十月十一日当天断结，金花子和熊双贵等都认错具结。

相对争买，争卖更为常见。毕竟实现销售是商家最终的生存之道。巴县档案 6-4-5851 咸丰四年“本城黄秦氏设铜货铺因口角被殴伤告吕三一案”：黄兴盛开铜货铺，吕三开玉器铺。两家的店铺相邻，二月二十二日有客商前来买货，黄兴盛的妻子黄秦氏与吕三因争卖发生口角。后来二人在理论中又发生了肢体冲突，吕三殴伤黄秦氏。黄秦氏于是向官府控告，众街邻为其作证。此案后来是否唤齐庭讯不详。

争卖不仅发生在商品领域，也发生在服务领域。巴县档案 16（系整理者编号）嘉庆十五年“本城廉里八甲民邹复太具告任石匠（任文亮）等统凶估阻等事一案”：邹复泰、黄作宾等八人因当地清水溪左岸阎王（土扁）地形险恶，道路狭窄，捐资修路，请李三才负责施工。二月二十七日，李三才带工匠们开始修路，任石匠不忿，于三月初六日带人拿走李三才及其所雇工匠的施工器具，导致工人们无法干活，工程停摆。李三才等向客长谢长发投诉，也未能解决问题。出资人邹复太等闻知告至官府，此案后仍在谢长发等的干预下达成和解，任石匠等归还了李三才等人的工具。

另一案是关于搬运的。巴县档案 6-4-5822 咸丰二年“本城孙玉顺以索要银钱逞凶陷害告罗义泰等一案”：孙玉顺、邱泰顺是药材商人，住在张正发的客栈。孙玉顺等发卖药材一包，雇佣伙夫刘玉川背送，讲明工钱四十文。力夫罗玉泰争背，并且要价一百二十文，因此与孙玉顺、刘玉川发生争执。刘玉川称药行客货归应差力夫背送，客栈客货归伙夫背送。罗义泰则称张正发坐地分肥，旧规力资七八十文，张正发均分钱一半，意思是栈主既然抽头，栈中货物理应由自己背运。案件被官府发交药帮首事付玉盛等查明禀复，最后如何裁断，案卷中没有提及。

还有一例是关于船运的案例。巴县档案 32-B 嘉庆二十五年（与二十一年一案原编号重复，整理者改）“本城洪崖厢厢长余文有具告张兴普等统众凶伤等事一案”：嘉庆二十五年二月初九日，余文有控张兴普、张兴照对推船的谭蛮子行凶，自己清问也被殴打。同日舒宗武具禀称谭蛮子素行不法，本月初八日抢夺船上过河客人并殴伤人，舒宗武外甥张兴普过来清问被余文有等群殴。双方各执一词。二月十九日，官府委派差役验伤，经查验，余文有、舒宗武都有拳伤。看来双方所说不全都是编造，多半也各有不在理的地方。正因如此，此案二月二十九日经街邻谭双虎等调处息销。

跨行竞争发生的可能性比较小，不过也有一些例子。巴县档案 6-4-5871 咸丰四年“本城刘德兴因商贸纠纷喊控马义亭等一案”：刘德兴开杂货铺，马义亭曾经是他的徒弟，学徒三年期满后马义亭离开了刘德兴的杂货铺，转行到邹义顺的绸缎铺学做买卖。十一月二十日，刘德兴喊控马义亭，称马义亭抢卖杂货。刘德兴称咸丰四年十月自己卖货给王天和，生意值银一百四十两，遭马义亭抢卖，致使王天和少买刘德兴价值八十余两货物。县令断令马义亭既然学绸缎生意就不能再卖杂货，日后不得紊乱行规。

一般来说，竞争发生在身份、地位类似的工商业者之间，不过，工商业者的经营有时候也会面临权力寻租带来的困扰。巴县档案 6-1-1919“本城民陈元顺具告吴若渊等夺民货贸，霸卖民贸绝生一案”是乾隆年间的事，具体年月不详。经营文具纸张的陈元顺家据陈元顺说祖传四代承办督宪、学宪视察渝城时的裱糊差务，约定俗成地，江、巴两署各房文篱纸札、各局印票均归陈家承卖。陈元顺因此与巴县户房达成协议，每年帮给户房钱十二千，作为对其办公费用的赞助。户房则允诺陈元顺照旧经营各种办公纸张文具。不成想后来户吏吴若渊、经书刘启亨、钟玉山自办纸札，订造粮簿以及票据，并插手销售各局纸札文篁。这下就夺了陈元顺的买卖。陈元顺不得已向巴县衙门提起控告。这个案子最后如何了断，案卷中没有后续记载。与通常的工商竞争不同，这个案例中的工商业者面对的竞争来自客户方的内部人员。工商业者处于完全弱势地位，因此只能寄希望于官府遵守承诺。

这些同业或跨行竞争或是争夺有利的货源，或是争夺客户，从涉及的金额看，不见得有多么庞大，从披露的情节看，也不见得多么严重，但也唯其如此，可以窥知同行间的工商竞争引发纠纷和诉讼可能并不鲜见，而恰是一种常态。

二、避免竞争的措施

既然商业竞争总是客观存在的，不可能完全避免，那么清代的工商业者是如何应对商业竞争呢？或者说他们是如何避免竞争的呢？

1. 划分经营范围

规避竞争的一个方法是协商解决，划分地盘，和平共处，例如巴县档案 6-3-4701 嘉庆十四年“本城民李向荣、李仕元具禀王世华藐批夺贸等请一案”。卷宗透露李向荣、李仕元等与王世华等达成了一个分贸认差、划分业务地盘的协议：李向荣等经营储奇党花轿生意，认办单月加班夫差送席抬盒等，每月外给办差夫头吴俸钱十一千二百文；王世荣等承开朝天党花轿生意，认办双月差务。双方就如何分担衙门差务和业务范围达成了妥协，目的在于避免因争夺生意而发生争执。尽管三月十六日这个案子因双方争竞一起喜轿生意而起，但若真如被告王世华所说是梁姓二月原住朝天党时定下生意，后虽搬至储奇党，但定约在先，立规在后。倒也不能推断就是王姓有意破坏规约。

下面这个案件同样是同业间试图通过划定经营范围规避竞争的

事例。巴县档案 6-3-17008 和巴县 6-3-17009 两份案卷实际上是一个案子即王清和陈泰恒争背千厮门货物。案件起因是道光元年四月王清控陈泰恒争背千厮门货物。其间陈泰恒上控批发下县。道光二年闰三月十二日庭讯，县令谕令八省客长出外酌议禀覆。闰三月二十四日，陈恒泰等禀催结案并向官府表示愿意将千厮门所通川货让王清等背运。县令批示："候七省客长覆到察夺。"四月初九日，陈泰恒等再次具呈要求结案，并重申嗣后大凡千厮门所属钱铺纸店花铺药材杂货尽让与王清等背运，其各行栈店棉花货物等项归陈泰恒等依旧规背运，请求官府结案示谕立碑。县令仍批复等候复讯。这个案件比较蹊跷的是客长们的禀复为何迟迟不到？陈泰恒等提出的这个貌似让步的方案是否别有用心？

码头背运貌似是一个很容易引发纠纷的领域，从前面引述的几个力夫争夺业务的案例中，我们其实已经对巴县脚夫间的激烈竞争有了一定的体会。下面这个案件也是码头力夫之争，最后争议几方力夫在官府干预下划定经营范围来避免竞争。巴县档案 6-3-9779"千厮坊周朝富等以估夺所背货物，违断估抢生意控陈泰恒等一案"：道光元年六月十三日，千厮门力夫周朝富控茶陵力夫抢背棉花钱包等原系川帮背运货物。县令批示"姑仰该省客约饬令照断生理，毋任恃横争衅干咎"。让客长、乡约等进行调处。七月初二日，客长、乡约、坊长理覆销案："千厮门各钱铺钱包（以下数字不清）火夫背送毋庸另议，至花行花栈内客货棉花等件均遵前宪断案，谕令茶（陵）帮力夫背运有年，设有夫头四名，经管散夫挨牌轮背，以儆透漏，如有疏失，责成夫头陈恒泰、陈桂华、尹登庸、阳毓存着落赔偿，其棉花铺与别铺户，除背棉花外，举凡货物等件以及行李、钱包等件，遵示任客雇倩川帮力夫背运，川帮向无夫头，如有疏失，责成川帮首任叶松茂、殷大兴着落赔偿，两帮力夫均皆依议允协无异，情甘具结。"按照客长们的调解，棉花货包由茶陵力夫背运，除棉花外其他货物行李钱包归川帮力夫背运。

同行划清范围，"井水不犯河水"，这样当然可以消除竞争。但是尽管有官府干预、民间协调，竞争纠纷很多时候仍然是一波未平一波又起。官府的裁断并不能一劳永逸地解决问题。协商划定的经营范围也经常被突破。巴县档案 29-A（此案与嘉庆二十年的一案原编号重复，整理者改-A）嘉庆十八年“本城太平门夫头谭秉清等具控李德世等违断强背杂货等情一案”，此案中发生纠纷的双方是南帮和西帮脚夫。太平门夫头谭秉清等控告李德世、杨麻子、董时吉、张文佳、宋世满等违断强背杂货。董县令依照从前旧案断西帮棉花、布匹两项准归李德世等背运，其余杂货归谭秉清等背运，李德世不得争夺。同时鉴于此种争议由来已久，多次成讼，因此县令为杜绝后患特颁发告示：“为此示仰太平门西南两帮脚夫人等知悉。嗣后尔等务仍照旧章，李德世等只准背运西帮棉花布匹两项货物，谭秉清等只准挑夫背运银钱包、京广各杂货，彼此不得争夺，如再有恃强违断，滋扰码头者，许尔等指名具禀本县，以凭拘案严惩，决不宽贷，各宜凛遵毋违，特示。嘉庆十八年七月十三日。”不过这类案子屡断不绝，也说明仅靠一个生效判决是不能完全消除破坏规则的冲动的。而且一旦告到衙门，违规方也只是受到一番不痛不痒的训诫而已，或许这也正是这类案件无法根除的原因。

2. 买卖双方固定合作

为规避来自同行的竞争威胁，客户与供应商之间也经常形成固定的合作关系。例如，巴县档案 6-3-9842“谭天德等为霸夺民等下力生意，阻不容入行承管生意等情具告韩天福等一案”：谭天德是力夫夫头，曾在杨洪辉的信德麻行承管行内搬运业务。谭天德和杨洪辉签有承包协议，并向杨洪辉支付了押杠银一百五十两，约定谭天德等七人永远“随帖生贸管理行务”。嘉庆二十四年，杨洪辉改开洪胜麻行，依然是谭天德承包搬运生意。道光三年六月，杨洪辉又开设了全泰麻行，但实际经营者是况瑞亭、韩天福、刘正隆等雇散工八人争夺搬运生意。六月十七日，谭天德等向巴县衙门控告。经过审理，六月二十七日，县令判决况瑞亭所开全泰麻行既然是杨洪辉之帖，脚力生意应仍归谭天德等管理。况瑞亭以前领取的膏麻行帖已然不开设，应将刘正隆等押杠银二百八十两酌量给还。行户需要力夫搬运货物，力夫也需要从行户那里承揽生意。双方结成固定的合作关系，行户不用再散雇力夫，力夫也有了稳定的业务来源，双方都有好处。不过，由于主要是买方市场，所以在达成合同时，力夫夫头需要向行户支付一笔押金。本案中谭天德与杨洪辉、刘正隆与况瑞亭即是这种合作关系。从本案中我们可以了解到这种合作是基于行帖的，行帖仍在，实际经营者的变更不影响这种合作关系。

巴县档案 6-3-17017 道光十六年七月“刘宗志等为脚夫背运客货生理，有他不容其等背运上控吴远材一案”也涉及行帖与力夫的关系，不过具体细节有所不同。谭瑞林等系□□糖行脚夫，十六年二月，糖行行主吴远材承佃福盛行行房堆放客货，仍用谭瑞林等背运，致使原福盛行脚夫刘宗智提出控告，前任杨县令断令谭瑞林每搬运行货一包补偿刘宗智等五文，但刘宗智等未拿到补偿上控重庆府。重庆府批发下县。十六年七月二十日，巴县衙门断令仍按前断，此行无人开行，吴远材承佃用来堆放客货，谭瑞林等背运每糖一包给刘宗智钱五文，从四月堆放客货起照数补给，并谕令江西会馆首事尹特贤出帖招佃开行。倘福盛行房有人承佃开行，则仍归刘宗智等经营糖包背运。七月二十四日，巴县详复重庆府。此案和巴县档案 6-3-17010 非常相似，谭瑞林与糖行，刘宗智与福盛行均有固定合作关系，所以糖行租用仓库便仍用谭瑞林等背运货物。而如果福盛行仍开行也只能雇佣刘宗智等脚夫。不过糖行租用的仓库毕竟曾是福盛行的行房，公平起见，承包搬运的脚夫每包补偿原脚夫五文。

前文中我们看到行帖可以与力夫挂钩，行帖不变，力夫经营权不变。下面这个案子中我们发现栈房也有固定的力夫。巴县档案 6-3-17010 道光二年“本城彭明茂告陈逸源为夺买脚力栈股权案”，这个案件中彭明茂等从乾隆三十八年起在巴县水巷子承做茂顺栈房的脚力生意。其间栈主更换多次，但脚力生意一直是彭明茂等经营。后来栈房房主将房屋租佃给陈逸源开设花栈，有义源行茶帮大班想要承揽花栈的脚力生意。二月十五日，彭明茂等不服提出控告，官府照旧委派八省客长调查理处。二月二十九日，八省客长查复称彭明茂素来承做该栈房搬运生意属实。闰三月初六日，县令于是断令花栈脚力生意仍归彭明茂等承做。这个事例中栈房的经营人和经营范围都变化了，但是脚力生意归属不变。如果说行商和力夫挂钩的结合点在于行帖，行帖不变，承包人不变；栈房与力夫挂钩的结合点则是处所，处所还在，承包人不易。

3. 行会规制

行会是同业者自我管理、互帮互助的组织，工商业竞争通常发生在同行业内，同行可以通过组织行会、制定规范避免过度竞争。巴县档案 6-4-5859 咸丰四年五月“本城李兴隆告李广合骗招徒香资银两，向讨不给伤民一案”中，李兴隆是三皇会会首，李广合招徒，按会规，应缴纳会银六钱，李广合不允，二人发生纠纷。李广合将李兴隆戳伤，李兴隆提出控告。县令断令将李广合锁押，待李兴隆伤愈发落。这个案子的案卷中附有道光二十七年“彩辫栏杆章程”的规定：“满徒方可帮工；不得私带经纬寸缕出铺；工价每板以四丈四尺为度，每月二十四板，工价银壹千二百文……新出师者上会庄银一千文；远来工匠注簿上会庄银，保举入行。”从这些规定中，我们看出行会通过限定工价避免了经营者高价争聘工匠，通过征收会银限制了外来经营者的加入。这些条款对于规避过度竞争必然会发生一定作用，当然这些规定也可能会和个别经营者的利益发生冲突，这也是这个案件中会首和行会成员之间因为征收会银发生纠纷的原因。

一方面，行规明确，维护行内竞争秩序；另一方面，商户从各自利益出发都有破坏行规的动机。维护行规和破坏行规之间的斗争始终存在，又例如巴县档案 6-4-5860 咸丰四年“本城王正联等为刘登科图渔利滥原定行规事上控一案”：六月初五日，王正联等喊控刘登科等违规帮工不用师友，以学徒顶做。原告称南馆十四家立有行规，不得以学徒顶做（大概意思是学徒不能当大工使用）。现在刘登科等用学徒帮工，违背行规。原告要求官府进行干预。这个案件的结果，案卷中没有相关记载。

三、官府的角色

明清律令都规定："凡买卖诸物，两不和同，而把持行市，专取其利，及贩鬻之徒，通同牙行共为奸计，卖物以贱为贵，买物以贵为贱者，杖八十。"① 粗略看去似乎有一些禁止把持反对垄断的意思，但仔细推敲，其实仅仅针对强买强卖行为。同一条后文："若见人有所买卖，在旁高下比价，以相惑乱而取利者，笞四十。若已得利物，计赃重者，准窃盗论，免刺。"这句话有的学者解释为"禁止哄抬物价，扰乱市场"。② 不过分析文字，好像也不排除抑制竞争的意味。"在旁高下比价"不就是争买争卖吗？事实上官府对于工商竞争的态度和工商业者的反竞争取向基本上是一致的。官府对工商竞争的介入也基本上是被动的。从档案中我们可以看出，官府的介入主要体现在这样几个方面：支持经营者划分经营范围的努力，保护承差者的利益；防止行会强制入会，支持工商行会规范竞争的行为。

1. 支持划分经营范围

前文述及清代工商业者常通过划分经营范围避免同行竞争，但是这种划分经营范围的协议，常常会因为一方或双方的逐利行为被破坏，这时候官府的必要介入就成为维持协议效力，或者促使双方重新协商新的妥协条件以便恢复被打破的平衡的重要力量。

例如，巴县档案 6-3-4761 嘉庆十六年"谭秉清为违断新规事禀杨麻子、孙老大等一案"：谭秉清是南帮夫头，杨麻子、孙老大等属于西帮。嘉庆十三年，巴县温县令曾断令西帮背运西号棉花布匹，其他一切客货由南帮背运。嘉庆十六年十月十八日，南帮散夫背运天和店金针茶叶遭到西帮杨麻子等人争背，发生冲突。县令经

① 《明清律户律·市廛》"把持行市"条。

② 张松：《中国古代市场管理法规概述》，http://blog.sina.com.cn/s/blog_629d6330010146rd.html。

过调查，断令两帮仍按前县划定范围经营。

巴县档案6-3-17018“本城夫头夏方才等告王泰元等在码头争背木花板一案”也是这样的一个例子。本案中，陈义方等系金紫门起至临江门止七门夫头，每年公出二百四十四千文伙请尹正兴在衙门听差承办日行号差，另外也应办文武各衙荣升、去送差务以及木料大差、铜铅粮米兵差、寸木板片、学宪及各大宪驾临一切差务。杜洪顺、王泰元等系东水、千厮、临江三门脚夫，承办道、镇两宪、学院、较场毁换桅杆背运应差，以及会府各城楼、各衙官仓木料。皇木抵渝三门脚夫起岸缴边历来也是他们应差。道光十七年三月，两帮为争背木花板发生纠纷，七门夫头陈义方到衙门提起控告。同时，三门脚夫王泰元等也提出反控。县令批示让争议双方邀集两党乡约参照以前的惯例制定一个新的章程，以避免生意上的竞争。四五月间，乡约连续组织双方调停了数次，其间乡约曾向县府报告说难以理处，要求辞去任务，但县令坚持不肯收回委派。六月初，乡约康正元等禀报称已经邀集陈泰安、王泰元等协商达成了一致，以后诸凡木植拢渝，停靠何门河干即归与该处夫头背抬，至于上岸进厂木料则归三门脚夫王泰元等抬送，两不混争；大小木差，七门应办，不与三门王泰元等相涉。但县令仍要求传齐两造，让双方当堂确认并承诺遵守议定的章程。不过庭讯的结果和调处达成的协议似乎有很大出入。官府断令圆木、条木、安居柏木棺板仍归三门夫头王泰元等背抬。花板、楼板、跳板、寸木、片板归七门夫头夏方才等背抬。所有文武衙门三门夫头王泰元等一向承办的差使仍归其承办。遇有皇木差使系七门承办，其余七门夫头原来办理的文武衙门差使仍照旧规。但不久夏方才、陈太安等禀称棺板历来都是他们抬送，不能让给王泰元等。六月二十五日，县府复讯，断令圆木条、木花板不论装运哪门都归三门脚夫王太元等背抬，其他柏木棺板及客货行李板片归七门夫头夏方才们背抬。差务分担不变。这个案子中，地方官先是委托乡约调处，并且对乡约的畏难之辞一概置若罔闻，之后对乡约协议达成的报告，地方官并未一味相信而是提出要求两造到堂确认。嗣后当一方翻控、拒不履行判决时，官府又再次介入重新作出判决。这起纠纷处理过程中官府的积极态度还是可圈可点的。

2. 保护承差者利益

清代主要税收为田、漕、盐、关，清晚期以前主要的税收来源仍然是田赋，地丁占全部收入的三分之二。但是“盛世滋丁，永不加赋”，人口在增长，政府的管理事务当然随之增加，中央财政还要保持盈余（鸦片战争前清政府基本上做到了收支平衡，略有盈余），那么地方政府只有从税收以外去想办法了。实际上国家并没有设立独立于国家财政的地方财政，因此也没有预算执行地方行政所需的必要经费。① 清代国家税收并不能满足政府机构运转的需要，大量办公费用需要从国家财政以外的来源去解决，要求工商业者承担一定的差务就是一个主要的途径。通过无偿或低价使用工商业者提供的物料以及劳务，官府方能维持其正常运转。正是基于这样的背景，当承差者与其他群体发生竞争纠纷时，官府会在一定程度上支持承差者要求排除他方竞争的要求。也可以这么说，承办官府某一方面的差务就可以相应取得某行业的垄断经营权。

巴县档案 6-4-5900 咸丰五年“本城任义顺告胡大顺私造鼓发卖一案”：任义顺、傅长兴从湖北来渝开鼓铺，多年并承办官府差务。胡大顺、林贵洪不应差，也在渝城造鼓。十月初十日，任长顺等扭送胡大顺、林贵洪等私造鼓，紊乱行规。经讯，县令断令胡大顺等将所造之鼓缴出应差，日后不得私造。此案中任义顺等承办官府差务，因此得以垄断造鼓行业，未承办差务的胡大顺等则无权经营该行业，违规生产销售的产品也被官府没收。

下面这个案件也是一个官府保护承差者垄断经营权的例子。巴县档案 6-4-5857 “艾廷成等因设油漆铺，霸夺私行等情告毛迎仙一案”：艾廷臣、朱和兴等在渝城开设油漆铺生理，供应文武衙门差徭。毛迎仙兄弟在渝城开设雕匠铺，受雇做同兴钱铺招牌四块。大概是做雕匠生意的毛迎仙等兼做了油漆生意，被朱和兴等发现。朱和兴等要求毛

---

① ［日］山本进：《清代社会经济史》，李继锋、李天逸译，山东画报出版社 2012 年版，第 72 页。

迎仙缴纳二十两帮规银并演戏请酒，这些要求似乎既有补偿也有惩罚的意思。毛迎仙兄弟不肯。朱和兴于是拿走毛迎仙等所制招牌，向官府呈控。因艾廷成等承担文武衙门差徭，县令觉罗祥断令双方仍照惯例各做各行，毛姓兄弟不准做油漆生意。此例中朱和兴索要非本行经营者帮规银两的行为，从其他案例中可以得知也是不合法的行为，不过官府基于保护承差者的考虑，并未深究此节。

官府需要工商业者承担差务，因此当工商业者面对竞争时就可以请求官府保护垄断或独占的经营权，这样的例子并不鲜见。巴县档案 6-1-134“巴县城内锡匠铺万义元等禀请示禁外来匠人游街包揽生意一案”：万义元、张三才等开设锡匠铺，承担官府差务，据说每天要派 15~20 名工匠到官府应差，雇请帮工每名一天要价二百四十文。外来锡匠沿街揽活并在校场摆卖，影响了万义元、张三才的生意。乾隆五十六年十一月十五日，万义元、张三才等控至县衙，要求县令断令所有锡匠均坐铺经营，同等承担差务。十二月初三日，县令龚际美发布告示，禁止锡匠私自在宅站打造锡器，沿街摆卖，影响开铺人生意。如有违反，允许各铺户扭送官府予以责处。游街工匠没有门面，也不应差，相对坐铺经营、需要承担各项差务的锡匠铺来说在价格上肯定有不小的成本优势，他们的加入无疑会影响锡匠铺的利益。因此锡匠铺想方设法要把这类竞争者排挤出去。而官府出于维持官府差务供应的考虑，支持了锡匠铺的要求。

下面一则官府为承差金钩匠颁发的告示也说明官府对承担差务的工商业者行业垄断行为的认可和保护。

道光五年九月重庆府告示

为恳示复规，以免滋害事。

案据巴县民贺正兴、罗尧兴、刘兴盛、尹周凌、李兴顺、尹札龙、袁正才等禀称，情民等州县两帮金钩匠，食力活生，亦以力役应差。自康熙年间历蒙各宪准民等祖父辈设炉倾铸，银铺熬渣、金银地渣、丹房丹渣，以及废铜铅锡等项，皆归民等金钩匠炉房倾铸，昔曾奉示勒碑于储奇门外，碑石尚存，百余年各宪差票朗凭。不意去冬有射利奸徒，设炉私铸，紊乱民等旧规，民等叠叩县辕，恳请示禁复规。沐县主于五月二十四日赏给示谕在案。切铅斤系仁恩批验要件，理合赴辕呈请示谕，以免滋害，以杜繁扰等情。据此除呈批示外，合行出示晓谕。为此示仰金钩匠等知悉，嗣后如有前项熬渣、丹渣等件，许尔等照旧设炉倾铸，不得扰乱争铸。如违许尔等指名扭禀，以凭究惩，各宜凛遵毋违。①

金钩匠贺正兴等声称世代倾铸银铺熬渣、金银地渣、丹房丹渣，以及废铜铅锡等项，同时为衙门提供力役，要求官府禁止私铸。重庆府允其所请，以告示形式认可了金钩匠们的营业权利，准许他们排斥私铸。

道光二十二年八月，纽扣铺户谢永兴购买泸州铺户纽扣两箱，同行黄裕成控告其紊违作房匠艺帮规。巴县县令拒绝受理案件，指示让原告自行邀集同行进行理论。黄裕成于是邀请客约与谢永兴理论，但谢永兴不依理处。黄裕成再次禀控到县衙。而县令批示："查渝城各帮，除有差务者，不准违规参越外，其余并无帮规之说，且百货流通，尔第敢私设章程把持行市，殊属刁健。"② 县令的批示十分明确，只有承应差事的各业才有帮规，可以把持，而其他各行的所谓帮规都属私设章程，是非法把持行市。反过来说，承应差事者则可以得到官府支持，通过帮规排斥竞争。

尽管承办差务的商人们反对外来竞争的主张经常会得到官府支持，但是这种支持也不是无限度的。巴县档案 6-1-1916 乾隆六十年"江西黄广顺具告杨正光等藉厂争阻，卷客货纠党扰害等情一案"就是一个例子。黄广顺卖铁钉，杨正光开铁厂。杨正光根据此前县府的一个判决"各处铁货来渝发卖，均一体帮办（差务）"

① 四川大学历史系、四川省档案馆主编：《清代乾嘉道巴县档案选编》上册，四川大学出版社 1989 年版，第 314 页。

② "道光二十二年八月二十三日黄裕成等禀状"，四川大学历史系、四川省档案馆主编：《清代乾嘉道巴县档案选编》上册，四川大学出版社 1989 年版，第 244 页。

要求黄广顺帮办差务，黄广顺不肯，认为该判决并不适用。十月初二日，黄广顺控至县府。十月二十一日，县令判决杨正光败诉，声称零星铁货非炉厂可比，不在承差范围，责令杨正光今后不得滋扰。这个例子说明在保护承差工商业者的问题上，官府还是有一定的原则的，此例中开铁厂的杨正光要求卖铁钉的黄广顺分担差务，实际上是以承差为由打击竞争者，但官府认为二者生产规模相去太远，铁厂的要求并无合理性，因此未予支持。

3. 规范行会行为

工商业经营中，行会的作用具有两面性：一方面，行会可以规范同行业内商户的经营行为，维护全行业的共同利益；另一方面，行会也成为变相的经营壁垒，在规范工商经营行为的同时，限制了自由竞争。官府对行会的态度同样有两种：对于行会的自我管理行为包括行会对会内工商业者的规制，官府一般持支持态度；但对于行会针对来自行会外竞争的抵制和垄断行为官府则采取具体问题具体分析的策略，进行个案的考量，而以不支持强人入会和过度垄断为原则。

"国有国法，行有行规。"各种各样的行会都有自己的行规借以约束会员。在合理范围内，官府认可行规的效力，注意维护行规对同业的约束力，巴县档案 6-4-5815 咸丰二年"本城夏万顺以破坏糕饼铺行规，反逞凶恶赌控事告曾宪康一案"即为一例。渝城糕饼铺立有行会，并定有各项行规，如每人帮工只许二家，招徒三年只能招一个等。这些行规禁止成员任意扩大生产规模，实际上是限制竞争。但是曾宪康身为值年会首之一，帮做四家，带头破坏行规，因此咸丰二年七月初八日被同行夏万顺等喊控，结果经过审理曾宪康被掌责并被断令只许按照行规帮工两家。

行会通过制定和维持各种行规规范竞争，从减少行会成员之间的内耗看有一定合理性，但是这些规则也可能不一定公平，或者不利于社会大众的利益，或至少官府认为不尽合理，此时这样的行规就难以得到衙门的支持。巴县档案 6-4-5921"太平坊李大贵等邦鞋铺告周白三等违前旧规乱招学徒并凶殴一案”就是一个这样的事例。咸丰六年四月，周白三和揭兴合伙开设鞋铺，因为鞋铺缺乏人手而招收学徒。会首李大贵、魏德兴、景开全、管尚林等称行规规定凡开鞋铺满三年才可以招徒学艺，因此不许周白三等招徒。如果一定要招，必须备下四桌酒席。后来李大贵等又要求周白三另付四串钱。周白三不答应，被李大贵等殴伤。六月十六日，李大贵等于县衙喊控周白三违规收徒，县令要求李大贵等为周白三请医生治疗，待其伤愈后复讯。七月十一日，县府复讯，县令参照前任高令的告示①，认定周白三招徒并无不妥，判令原告把持滋事无理，予以笞责。限制收徒在一定程度上的确可以抑制竞争，但是完全一刀切，可能导致部分经营者因为没有劳动力而难以为继，故此地方官们拒绝支持这样的行规。

行会规则作为内部规范，只能约束会内成员，对行会外工商业者并无拘束力，但有时候行会视自身为整个行业的代表和唯一合法组织，而强迫其他非会内同行入会并遵守行规。巴县档案6-3-4645嘉庆十年“本城民邹思权具告杨高太等摆摊塞道霸阻一案”中，邹思权等人是开豆腐铺的商人，组织有豆腐业行会。会内规定只能开店，不许摆摊卖豆腐，并且每个店铺要交二两银子作为行会敬神的费用。杨高太在南□门城外开了一家豆腐铺，除坐店经营外，也挑担上街卖豆腐，不曾加入行会，也没有承担过差务。嘉庆十年九月，邹思权、周三太（会首）到杨高太的铺子里收钱说要做会敬

① 高令的告示如下：特调四川重庆府巴县正堂加三级记录十四次记功一次高为严禁事

照得本县访问渝城靴鞋铺户招收学徒有等无业游民藉作靴鞋铺内首事勒取厘金聚敛银钱，以及新开铺面派收庄银或二两或一两不等，稍不随意，辄行停工滋事，种种恶习，殊干例禁，合行示谕。为此示仰渝城靴鞋铺户工匠及军民人等知悉，嗣后凡遇靴鞋铺户招收学徒，无论多寡，应听其便，毋得仍前混行阻收，亦不得藉作首事设立值月，聚众敛钱，勒收学徒厘金，并在新开铺内派收庄银，藉滋事断。自示之后，务各痛改前非，切勿仍蹈覆辙，倘敢不遵，或被告发或经查出，定行从严惩究，绝不姑宽，凛之慎之毋违特示。道光十一年四月十五日告示

神，分派每家各出钱二百六十文。杨高太交了钱，安排伙计戴金耀去吃酒，邹思权又告知全行都不许摆摊卖豆腐。九月十五日，杨高太因邹思权等不许他们挑担上街到捕府具控，邹思权等则在巴县衙门控告杨高太摆摊买豆腐堵塞街道，影响交通。县府受理案件后指示约邻调解此案。十一月初八日，约邻陈文斗等禀复说城里的五十家豆腐铺公议不许在十字路口摆摊阻塞交通，杨高太拒不听理。县令批示候讯。十二月十八日审理，结果是县府认定摆摊开铺各听其便。这个事件中豆腐铺组织的行会希望强拉商贩入会，以便令其遵从行规，当然目的也是限制竞争。但是官府认为行会没有强制他人的权利。

下面这个事例也是强制入会遭到官府禁止的案例，巴县档案6-3-9831“本城姜占和与陈国才因上贸取会钱、拏甑篾估骗互控案”：姜占和是垫江县民，平日做篾制品营生。道光三年三月，姜占和贩篾甑皮来渝城发卖，遇到本城开设箍桶铺的陈国才、罗大有，二人强要姜占和加入鲁班会，并要其缴纳一千二百文会银。姜占和不允，罗大有就把姜占和的篾甑皮一百二十个拿走。姜占和无奈到衙门告状。县府断令将罗大有掌责，派差役追回被罗大有拿去的篾甑皮还给姜占和。

看来行规的约定对官府确有参照作用，但最终对会众有无约束力仍以官府判断为准；官府认为行会应是自发性行业组织，不能强制入会，行规对会外人应无约束力。

清代的巴县是一个区域性的手工业和商业中心，是湖广与西南之间的物资集散地。工商业的繁荣和发达自然而然伴随着大量的竞争行为和竞争纠纷，尤其是像码头搬运这样的进入门槛极低、充分竞争的行业。从上面的梳理可知，清代工商业的发展径路基本上是朝减少竞争的方向去的，经营者之间的协调是为划分业务范围消除竞争；行会的存在是为了用行规制约竞争；官府的介入大多数时候也是支持减少竞争的。从经营者的角度看，追逐利益应该是终极目标，但减少竞争带来的不确定性同样符合他们的需要。从官府的角度看，官府并没有通过鼓励竞争而促进工商业繁荣的利益驱动，故此官府的所作所为均建立在维持差徭供给和减少纷争的立场上。

“不争则强不凌弱，众不暴寡”，中国文化崇尚不争，所以在主流上激励竞争是缺乏共鸣的，但是商人逐利的本性又使其无法完全避免竞争，这就使商人的行为表现出某种两面性，这也可以解释巴县工商竞争所表现出来的人前不争背后争的状况。从官府到民间都致力于减少竞争，但在实际上，这形形色色竞争纠纷的存在都印证了竞争的普遍性。

第五章　牙 行 纠 纷

关于牙人的来历，一说“古称驵侩今谓牙”，即从牛马交易的经纪人发展而来；一说“本称互郎主互市，唐人书互为牙因讹为牙”即由主持互市事务的互郎演化而来①。但无论哪种说法，牙人的产生似乎都与市场交易有关。明律“私充牙行埠头”条：“凡城市乡村诸色牙行及船埠头，并选有抵业人户充应，官给印信文簿，附写客商船户住贯、姓名、路引、字号、物货数目，每月赴官查照。私充者杖六十，所得牙钱入官。官牙埠头容隐者笞五十革去。”《大明律释义》解释说在城中的集市与一乡一村都有牙行，聚泊客船之处则有埠头。凡民间买卖都以牙行、埠头作为中介。有关衙门必须选任有殷实家资的人户充应牙人，不由官选而私自开设牙行的属于私充，私充者杖六十，所获牙钱没收入官。如果官牙、埠头帮忙隐瞒的也要被责罚革任。② 清律的规定与明律同。由此可见，牙行是官府认可之职业经纪人，牙人除了作为贸易之中介以外，还有代官府稽核商业贸易行为并为官府提供商业统计数据的职能。

一、行户资格取得及其权义

1. 行户资格取得

行户有官牙、私牙，官牙须由官府认可，发给执照。若无官府

① （宋）刘攽《中山诗话》明津逮秘书本。

② （明）应槚《大明律释义》卷十，明嘉靖刻本。

认可，自行代客买卖则为私牙。私牙当然不存在资格问题。对于官牙，官方认可的牙行的承充条件，按照清律户律“私充牙行埠头”条说的是“抵业人户充应，官给印信文簿”①。从这个规定中，我们可以看出充任行户既有实质要件，也有形式要件。实质要件是“抵业人户”也就是有产业可凭，家资殷实。形式要件是官给文书。

一城的行帖通常有固定限额②，领帖的行户只能少于这个数额，不能多于限额。同时行帖不仅有总数的限制，也有种类的限制。每种行帖都有固定额数，不能相互融通。比如，如果山货行帖有一张空额，就不能拿来开广货行帖。这种配额制算得上是一种比较初级的计划经济。行帖数额一经核定，很少调整，除非新开集场，方可增设牙行。③ 这往往导致一方面商人难以领帖开行，一方面行帖放空。例如，《乾嘉道巴县档案》“嘉庆六年六月二十四日八省客长禀状”④ 中，八省客长奉命调查巴县行户情况，后来他们汇报说“渝城原额引帖一百五十一张，现开行者一百零九张”，缺额颇多。

缺额未必一定需要弥补，但如官府认为有必要弥补则会发布告示公开招募承充之人，例如“道光十二年七月二十四日巴县牌示”：

---

① 田涛、郑秦点校：《大清律例》户律·市廛，法律出版社 1999 年版，第 267 页。

② 嘉庆《钦定大清会典事例》卷一九七、户部、杂赋、禁例，（雍正）十一年，谕……近闻各省牙帖，岁有加增……著直省督抚敕令各该藩司因地制宜，著为定额，报部存案，不许有司任意加增。

③ 乾隆四年六月上谕：“地方果有新开集场，应设牙行者，该印官详确查明，出具印结，由府州核实，详司给发牙帖。如非新开集场而朦混请添者，即行题参议处。”《钱谷指南》之“市廛牙行”，《明清公牍秘本五种》，中国政法大学出版社 1999 年版，第 417 页。

④ 四川大学历史系、四川省档案馆主编：《清代乾嘉道巴县档案选编》上册，四川大学出版社 1989 年版，第 252~253 页。

巴县正堂区，为招募顶补事。

案据牙户杨洪川请领帖一张，开设铜铅牙行。兹因杨洪川染病辞退，情愿将牙帖呈缴在案，合行悬牌招募。为此示仰县属殷实土著良民知悉，尔等如有自愿承充顶补者，速即赴县具认顶补，以凭详请换帖开设纳课。毋得观望自误。①

因铜铅牙行行户杨洪川病退缴还牙帖，县府公开招募顶补者。官府告示注明申报条件："殷实土著良民"，大体等同于无违法犯罪记录，身家清白之富裕常住居民。

充任行户要完成一系列复杂的程序，首先是行户本人向县衙提出申请，并提交相关担保具结文书②，县府如果同意，就转报知府，之后知府再向布政使司报告，布政使批准方能颁发牙帖。

下面是巴县向重庆府汇报刘兴芬顶补刘志坤山货行牙帖的报告：

巴县详册为遵募承充，恳详顶补事。③

嘉庆二十年六月初九日据直里三甲民刘兴芬呈称：蚁系治下载粮民籍，今有牙户刘志坤于乾隆四十二年顶补山货牙帖一张，在渝开设。兹因刘志坤年迈无力，情愿将帖呈缴在案，蚁情愿具认承充顶补，每年仍照原额纳课，恳将刘志坤呈缴牙帖详销，更换蚁名接顶承充，仍于原处开设纳课，不得违误等情。据此，卑职查牙户刘志坤实因年迈无力开设，将牙帖呈

① 四川大学历史系、四川省档案馆主编：《清代乾嘉道巴县档案选编》上册，四川大学出版社1989年版，第316页。

② 嘉庆六年重庆府曾要求开设牙行需本省客长联名具保，倘有拐骗放筏，亏空客本，着落具保客长分赔。但客长们声称"民等虽属同省，俱系别府别县之人，大半素不相识，未能详晰周知"，这一规定由于客长们的抵制并未执行。参见四川大学历史系、四川省档案馆主编：《清代乾嘉道巴县档案选编》上册，四川大学出版社1989年版，第253页。

③ 四川大学历史系、四川省档案馆主编：《清代乾嘉道巴县档案选编》上册，四川大学出版社1989年版，第365~366页。

缴。今刘兴芬委系卑县直里三甲载粮民籍，身家殷实，并无衿役朋充等弊，应请准其顶补。理合取具退缴、承认、供、甘、互保各结，加具印结粘（金今），造具年贯清册，同牙帖并印领，具文详请宪台俯赐查核转详给帖，以便承领，仍于原处开设办课。为此备由，另文册申乞照详施行。

计开：

牙户刘兴芬，年二十八岁，身中面白无须，实系巴县直里三甲载粮民籍，身家殷实，于嘉庆二十年六月初九日顶补刘志坤山货牙帖一张，承领仍在原处开设，每年仍照原额纳课银一两，于嘉庆二十年为始，理合登明。

具退缴结刘志坤，今于与退缴为另嗣顶补事。实结得身请领山货牙帖一张开设，因年迈无力，情愿将牙帖呈缴，另募顶补开设办课。退缴甘结是实。

具供结刘兴芬，今于与供结，为恳详顶补事。实结得刘兴芬实直里三甲载粮民籍，顶补刘志坤呈缴山货牙帖一张，承领在于原处开设。每年仍照原额纳课银一两，并无衿役朋充等弊，供结是实。

具甘结邻右陈永顺、徐安怀，今于与甘结，为恳详顶补事。实结得身等实悉牙户刘兴芬，系直里三甲载粮民籍，身家殷实，并无衿役朋充等弊，甘结是实。

具互保同行李章成、王德隆，今于与保结事，实结得牙户刘兴芬顶补刘志坤年迈无力呈缴山货牙帖一张。刘兴芬实系直里三甲载粮民籍，身家殷实，并无衿役朋充等弊，出具互保结是实。

署四川重庆府巴县，今于与印结为恳详顶补事。依据结得牙户刘兴芬委系卑县直里三甲载粮民籍，身家殷实，顶补刘志坤呈缴牙帖一张呈领，仍在原处开设，每年照额纳课银一两。自嘉庆二十年为始，并无衿役朋充及更名复充等弊。理合出具印结是实。

署四川重庆府巴县，今于与印领，为详请给帖事。实领得牙户刘兴芬请领山货牙帖一张，详请帖发下县，转给承领开设办课，中间不虚，印领是实。

嘉庆二十年六月十一日

这份详册是巴县政府为刘兴芬牙行顶补事宜上报的全部材料。首先是巴县政府对申请顶补牙帖人的情况说明，其中提到巴县县令经过核查确认原行户刘志坤的确年迈无力继续开设山货行，而申请顶补的继任者刘兴芬也确实身家殷实。申请领贴人的年龄相貌身家状况也记录在册。详册中同时附有原行户请求退缴行帖的退缴结、新行户承诺照章纳课及并无衿役朋充等弊的保证供结；邻右出具甘结证明了新行户的身份，同行也为新行户出具了互保结。巴县衙门并为新行户出具了证明其承充资格的印结。这些材料从不同侧面提供了承充人的身份和资格证明。

大概在巴县详册上报后六个月，布政使司批复重庆府同意了行帖顶充事宜。

四川省布政使司札①

四川省布政使司札委札饬事

案据重庆府转据该县详称：该县行民刘志坤于乾隆四十三年请领山货行牙帖一张，每年认纳课银一两。今因该牙无力开设，将帖呈缴，另募刘兴芬顶补，仍在原处开设，照额纳课。并声明刘兴芬实系该县直里三甲载粮民籍，身家殷实，取具不致误课，供认互保各结，出具印结、造具年貌清册，同原帖一并赍缴，请换新帖承领办课等情到司。据此，查与顶补之例相符，除将缴到牙帖涂销，并一面详咨填帖给发该牙承领外，合就札行。为此，仰县官吏即将该牙刘兴芬应纳课银一两，以嘉庆二十年为始，按年征收汇解，以凭造入地丁奏销册内，报部查核，勿违。此札。

嘉庆二十年十二月七日

① 四川大学历史系、四川省档案馆主编：《清乾嘉道巴县档案选编》上册，四川大学出版社1989年版，第366页。

重庆府随即行文巴县衙门。通知巴县按布政使司札文办理：

重庆府札①

重庆府札为详请顶补事

嘉庆二十一年正月十六日奉布政使司陈宪札，嘉庆二十年十二月二十一日奉总督部堂常批，本司呈详：查得巴县山货行刘志坤原行牙帖一张，每年认纳课银一两。于嘉庆十七年咨部册内仍系原行原名造报在案。兹据该府县查明，刘志坤无力开设缴帖，另募殷实粮民刘兴芬顶补，仍在原处开设，取具不致误课，供认互保各结，加结造册，同原帖一并赍缴，请换新帖前来。查与顶补之例相符，应如该府县所请，换给新帖，檄发该牙承领，即于接顶之年，接续办课。除将缴到牙帖涂销并册结存案外，理合具文，详请俯赐查核，咨明户部，等因。奉批：仰候咨明户部，缴。奉此，查此案牙帖前经檄法该牙刘兴芬承领并饬巴县在案。兹奉批前，因合填预印空白札行。为此仰府官吏即便转饬该县，将该牙刘兴芬应纳课银一两，以嘉庆二十年为始，按年征收汇解，以凭造入地丁奏销册内，报部查核勿违。等因。奉此，合就札行。为此，仰县官吏查照来札事理，速将该牙刘兴芬应纳课银一两，以嘉庆二十年为始，按年征收汇解，以凭造入地丁奏销册内，报部查核勿违。此札。

嘉庆二十一年一月二十三日

至此，刘兴芬顶补刘志坤山货行帖的公文流程才得以完成。

从上面的程序可知，要成为官方认可的行户并不容易，首先要机缘巧合，恰好有行户要退出；其次须自身条件符合，即身家殷实，且不属于不能担任行户的几种情况（即所谓衿役朋充及更名复充等）；最后还要完成一系列手续。另外，牙帖到手，也不是一劳永逸，《大清律例》规定："凡在京各牙行，领帖开张，照五年

① 四川大学历史系、四川省档案馆主编：《清乾嘉道巴县档案选编》上册，四川大学出版社1989年版，第366页。

编审例，清查换帖。"① 此项条例应该是要求地方参照执行的。"五年编审之期，查明现在经纪，如非身家殷实，父子袭替，即行更换。人多之行，须取具同行三人，委系殷实连名互结。其他人少之行，次取具一人，殷实互结。"② 编审的意思大体可等同于重新出具合格的担保。此外行户也可以自请歇业。"牙行式微，无力贸易，有情愿报官歇业者，查实开除。"③ 经营不佳的行户可以自请辞退。

官牙身份往往意味在某一领域的合法经营权，具有一定的垄断利益，没有官方资格从事代客买卖者有违法经营之嫌。清律规定"私充者，杖六十，所得牙钱入官"。④ 故此，当工商业者发生纠纷时，常有指责对方私自开行之控。例如，巴县档案 6-3-4608 "本城行户陈国伦具告职员揭广发婪衿横霸等情一案"：当事人双方均开设竹行，代客买卖。嘉庆五年九月初三日，陈国伦向巴县衙门控告揭广发使用开木行的杜永丰的名义私开竹行，霸占两河买卖，夺去自己的客户，自己纳课当差，却生计无着。揭广发诉称自己是帮办竹木行户周天顺，为昭公信，当时（嘉庆三年九月）还曾经宴请文武衙门办差头役及大小两河众客，陈国伦也曾参与其中。两行曾公议差务仍照旧规轮流值月应办文武差事。揭广发还声称自己两年来也同样承应差竹，已经用去银子一千八百余两，票簿上均有记载。至于原告所说杜永丰行帖一事，被告解释说是因为杜永丰去往湖北三年未回无人开行，前任陈县令因杜永丰行有帖无人，硬要揭广发代杜永丰纳课三年，有税票为凭。此案后经客商李清才、椿玉山等人调处和息，息状称并不存在私开情节，双方业已和解。

① 田涛、郑秦点校：《大清律例》户廛·私充牙行埠头，法律出版社 1999 年版，第 267 页。

② 清乾隆五年三月定例，《钱谷指南》之"市廛牙行"，《明清公牍秘本五种》，中国政法大学出版社 1999 年版，第 417 页。

③ 乾隆二年部议张渠条奏，《钱谷指南》之"市廛牙行"，《明清公牍秘本五种》，中国政法大学出版社 1999 年版，第 416 页。

④ 田涛、郑秦点校：《大清律例》户廛·私充牙行埠头，法律出版社 1999 年版，第 267 页。

理论上所有额设牙行都是永续轮替的，无特殊原因，员额始终保留，但也有的牙行中间由于各种原因遭到禁革。例如，巴县地方在清代早期曾设有米行、船行。米行始于康熙二十二年，至康熙五十年因行贿纳规酿成大案被禁革，后来改设斗级经管粮食交易，但也朋充滋弊，不久也裁撤了。之后米牙再不复设，任由米客自相贸易，客商均称便利。至于乾隆十六年船行的禁革则是因船行负责派船，船户与客商不熟，彼此无法取信。不法船户且以各种诡计坑害客商。《同治巴县志》称船户侵犯客商利益的伎俩大体上有五种：一是密谋假扮船户，串通巡河差役，设局骗客；骗不遂，抢夺继之，甚至格斗伤及性命，名曰“溜子船”；一是偷盗客货银钱，行至险滩，故意将船撞破，名曰“放炮”；一是夜驾小舟乘客睡熟，启板揭篷，偷取货物，名曰“钻舱”；一是暗结党羽，充募桡夫，或将开行、或至中途，假以桡夫欠债措不放行，向客硬索银两，名曰“桡头”；一是桡夫将应得工食支完，船开后于荒岸无人之处，强欲停泊，及至夜半，结党而逃，名曰“放飞”。① 种种伎俩，致使船户利益屡受侵害。米行、船行两行既经裁撤②，此后商户们便不再能申请开设。

① 熊家彦：《同治巴县志》卷二。

② 此后的档案记录中，仍有代他人雇佣船只的案例：嘉庆二十三年十月，盐商邓兴发供称平素在射洪地方运盐生理，九月在巴县“凭萧一品写江道俸的船只装载煤炭，仍在射洪地方发卖。江道俸收了古兴发付给的水脚钱三十七千后，“中途因往日贫苦，负欠重账无还，兴发他又无人在船经理，就起意把他煤炭私卖”，官府判决江道俸卖船偿还古兴发的水脚钱和炭价钱文，代雇船只的萧一品不承担责任。道光四年，在重庆贩卖山粮杂货的王益美通过唐仕荣担保，雇佣开烟铺的古兴发的船只，运输货物到湖北，“议定水脚钱一百二十千”。王益美向官府控告古兴发的哥哥古正兴“在途盗卖去民汉斗熟米十五石七斗零，值□纹银四十一两余”，结局不详。（“嘉庆二十三年十月二十八日邓兴发等供状”，“道光四年十二月十五日王益美告状”，四川大学历史系、四川省档案馆主编：《清代乾嘉道巴县档案选编》上册，四川大学出版社 1989 年版，第 421~422 页）

2. 行户权益

行户所取得的牙帖是一种特许经营许可证，且是在一定范围、一定领域内排他的特许经营许可证。这种资格意味着行户的经营垄断权，及伴随之的收取中介代理费，也称“行用”的权利。商户若无行帖，则不具有独占经营的权利。“京城一切无帖铺户，如有私分地界，不令旁人附近开张，及将地界议价若干，方许承顶；至发卖酒斤等项货物，车户设立名牌，独自霸揽，不令他人揽运，违禁把持者枷号两个月，杖一百。”① 这则条例对无帖铺户加以规制，隐含着默认有帖行户的独占权。

实践中，拒绝入行交易的客商如被行户告发，官府通常会支持行户要求客商入行交易的请求，如果交易已经完成则会让客商向行户支付应付的行用。例如，嘉庆十四年，黄合顺贩卖瓷器到渝，因货尚未齐，未曾入行，将瓷器私卖给邓顺发，被瓷行张志德等控告到县。经街邻刘明玉等理剖，黄合顺照数完纳行用，案件息销。②嘉庆十八年，又有余正兴私卖瓷器值银四十余两，被行户李星聚控告，巴县断令余正兴缴银一两五钱作为行用，而且要求嗣后瓷器务须投行发卖，不得再行私卖。③

但是有帖行户的垄断经营权尽管有法律的保障，也不是全无挑战的。比如巴县布铺交易照理均须通过布行进行，使用布行统一的三联照票，由布行带纳国课，但是不愿意通过布行交易的客商也时常有。乾隆五十六年，布行行户刘顺昌、吴德顺等具禀称布铺不用三联照票，要求官府严禁布铺人等私相卖布。县令受案

① 田涛、郑秦点校：《大清律例》户廛·私充牙行埠头。法律出版社1999年版，第268页。

② “嘉庆十四年十一月刘明玉息状”、“嘉庆十四年十一月初四日张志德禀状”，四川大学历史系、四川省档案馆主编：《清代乾嘉道巴县档案选编》上册，四川大学出版社1989年版，第371页。

③ “嘉庆十八年四月李星聚告状”，“嘉庆十八年四月十一日余正兴结状”，四川大学历史系、四川省档案馆主编：《清代乾嘉道巴县档案选编》上册，四川大学出版社1989年版，第372页。

后批示让八省客长公议。经议，八省客长达成一致："各店平上不必帮贴银两，只论经手卖布若干，每布一卷旧例取用二钱。其二钱内抽取二分帮贴行户，以资国课差徭，实为平允。惟所卖之布仍须到行，过行名图记，若无图记，即系透漏。"知县示谕"自示之后，各布店所卖布卷，若无行名图记，许该行户指名具禀，本县以凭严究，决不姑宽"（四月初十日巴县告示）。① 这个事件的起因是布店买布不用三联照票，等于绕过布行自行交易，致使行户利益落空，引起布行不满。在布行行户诉至衙门后，巴县政府根据八省客长的意见，发布告示，重申布铺交易必须到行，并按旧规支付布行行用。

若干年后，估计是布铺不肯任布行抽头的现象仍然很普遍，布行再次请求官府保护其收取行用的权利，也再次得到官府支持，道光二十年八月十五日，巴县衙门按八省客长所议，再次用告示的形式授权行户可以按规定收取行用。告示明确布铺交易土布，每布一匹必须帮给行户差钱一文，由行户自行收取。中路布帮投行发卖则每捆抽取行用，依照老例帮给差钱十二文。未投行也照土布之例向卖客收取行用。②看起来官府对保护官牙合法权益态度还是非常坚定的。不过这类纠纷一再发生，也说明布铺和牙行还是存在利益分歧的。

挑战行户垄断经营权的情况不仅出现在布业，也在别的行业出现。蒋晋侯、屈绍祖系巴县的丝行行户，依例凡属丝类货物均归丝行发售，丝行有权从中取用二厘。但是"近因奸贩装运山丝来渝，竟不照前规例投行发售，多有私相交易，每于黄夜乘人不觉，送货入铺，规避行用。而本城有本各店，亦各自装自卖，蚁等私行几成虚设"。丝贩为规避入行交易，竟然深夜送货。由于丝贩们不肯投行，丝店自行发卖，丝行的利益严重受损，于是丝行行户联名控至

① 四川大学历史系、四川省档案馆主编：《清代乾嘉道巴县档案选编》上册，四川大学出版社1989年版，第344页。

② 四川大学历史系、四川省档案馆主编：《清代乾嘉道巴县档案选编》上册，四川大学出版社1989年版，第346页。

官府。官府照例重申维护行户的合法权益。道光二年五月初三日，巴县县令发布告示示谕："嗣后装运山丝、水丝各样丝斤来渝，务须投行发卖，以资该行抽用完课，承应大小差事。勿许买卖二家私相授受，致坏成规。"① 禁止买卖双方越过行户，自相授受。

这些事例表明，行户的垄断权益官府是认可的，但是仅有官方的认可还不足以杜绝绕过行户、自相买卖的现象，这实际上说明官牙作为买卖中介的职能并未完全得到市场的承认，而由于牙行介入，交易成本的增加则是客观存在的，因此买卖双方均有着避开这一重准"抽税"环节的利益冲动。

3. 行户义务

享有权利是以承担义务为代价的，清代行户的主要义务是向官府缴纳牙税和承办官府各项差务。这其中牙税义务可以说微不足道，行户们主要的负担是差务。

牙税数额非常有限，一般也就一二两银子，甚至几钱银子。例如，道光十一年二月十二日"屠庆友牙税纳票"：

> 为奏闻事。
>
> 案奉各宪缴饬征收牙行税课银两，催缴完解缘由到县。奉此，今据山货行屠庆有完纳五年份帖课银一两零钱。合行给票，存此查照。②

开设山货行的屠庆友五年牙税共计银一两。

再来看差务负担，巴县工商业者的差务负担大体上包括：(1)署衙差役，所谓署衙差役，即手工业行帮或个体手工业者为在渝各政府衙署服役，承担各种供需。这种供给是有偿的，由衙署票差前

① 四川大学历史系、四川省档案馆主编：《清代乾嘉道巴县档案选编》上册，四川大学出版社 1989 年版，第 348 页。

② 四川大学历史系、四川省档案馆主编：《清代乾嘉道巴县档案选编》上册，四川大学出版社 1989 年版，第 368 页。

往办理。(2) 官吏出巡派差，官吏出巡派差是差役的另一种形式各级官吏临渝，须组织各种形式的欢迎仪式，需用大量服侍的勤杂人员和用具。(3) 军差。(4) 特殊派差。在巴县差役中，有一项很特殊的派差，叫做“ 护送京木。”①

巴县档案中有这么一份文件“乾隆五十四年闰四月二十七日巴县派差取物存照”②：

1. 着令泥水【匠】头速拨匠人多名，赴朝天门。
2. 着令木匠头速拨匠人四名，赴朝天门。
3. 着令竹行户速办大尾竹五十根，送浙江钱局立等应用。
4. 取十景中碗三付，盖盆三付送县。
5. 取桐麻二百斤，立等送县。

这份清单涉及的应差对象不仅有行户也有其他铺户，因为只有一天的数字，尚不足以精确估计行户们的差务负担总额，但以竹行行户的任务看，还是很可观的。

理论上商铺行户提供的物料、人工都应由官府照价补偿。清律市廛“保持行市”条规定：“大小衙门公私所需货物务照市价公平交易，不得充用牙行，纵役私取。即有差办，必须秉公提取，毋许藉端需索。如有纵役失察，交部分别议处。其衙役照牙行及无籍之徒用强邀截客货者，不论有无诓赊货物，例枷号一个月，杖八十。如赃至三十五两者，照枉法赃问拟，所得赃私货物分别给主、入官。”③ 但是，实际情况显然与这个规定有一定距离。

比如，嘉庆二年八月初五日，木行挂平的陈玉书接到县衙门的通知让木行送条木七十根、柏木墩十二个至学院东文场，用以修缮

① 参见刘君：《清前期巴县城市工商业者差役初探》，载《历史档案》1991 年第 3 期，第 87~89 页。

② 四川大学历史系、四川省档案馆主编：《清代乾嘉道巴县档案选编》上册，四川大学出版社 1989 年版，第 328 页。

③ 田涛、郑秦点校：《大清律例》，法律出版社 1999 年版，第 271 页。

县考时倒塌的房屋和砸坏的桌椅板凳。陈玉书将木材送到后即具禀请求发给木价，但是并未拿到。后来官府续索条木七十根、柏墩三十余个，陈玉书表示实在无力垫支，请求预领一百两，以便办送。不过实际只领到了五十两。此次差务，陈玉书一共采办柏木柱料条木一百二等根（原文如此），又采办解料大连二木墩六十三个，用银三百余两。到八月十九日，陈玉书还在写呈文请求官府赏发材料价款。① 由此可见，行户们接受官府派发的任务并不是一件美差。

虽然对于行户/商铺来说可以肯定承办差务是项苦差，但是对于官府来说，却是断断不能缺少的。巴县档案 6-3-4602 嘉庆四年“本城行户王洪仁等哀恳正堂领贴承充木行等情一案”中，行户王洪仁向重庆府报告说因为教匪滋扰，年来木客稀少，请求衙门免除差务。重庆府批发巴县议处，县府果断不准。

二、行帖转让（更名）与继承

理论上官牙具有人身附随性，行帖是与特定商户相联系的，私下转让甚至继承都应该是不被允许的②，但实践中行帖的非正式转让是客观存在的。

1. 挂平

前面叙述过领补行帖的流程，实在难称简便。正因为正式取得

① 四川大学历史系、四川省档案馆主编：《清代乾嘉道巴县档案选编》上册，四川大学出版社 1989 年版，第 322 页。

② 道光十三年五月十八日巴县牌文

为招募事

案照陈万丰、王宗信、刘开裕、杨松茂四家杂粮行，均属私顶一股牙户陈怀远、王守慈、刘开洙、杨万裕之帖开设，殊属违制。除饬令缴帖将行关闭外，合行县牌招募。为此牌仰县属殷实土著良民人等知悉，尔等有愿承充杂粮行户者，速即赴县具认，以凭详请更换牙帖，给领开设纳课，勿得观望。（四川大学历史系、四川省档案馆主编：《清代乾嘉道巴县档案选编》上册，四川大学出版社 1989 年版，第 380 页）

行帖相对困难，也有很多人采取另一种方式实现成为行户的目的——挂平。挂平是指领帖行户并不开行，而是由其他人使用该行帖开设行号从事代客买卖。实际开行经营人为此需要支付给领帖行户一笔押金，并按照一定比例和领帖行户分享经营利益、分担相关行帖费用。

下面是一则挂平契约：

谭春和立招挂平约

立招挂平约帖户谭春和。今凭证招到钟斗垣四兄挂平开设宝源靛行，代客买卖生理。凭众议明帖姓当收押平老银一百五十两整，其银无利，但平上所获买卖客用金，每售靛百斤帖户得分九扣银一分七厘，每年三节结算给银。其行房佃租作三股派认，平上认佃租银二股，帖户认佃租银一股。凡验帖、验平一切官顶，平帖各认一半。自招之后，应凭钟姓开设，凡行内出入银钱客货账项，钟姓自行料理，不与佃户春和相涉。春和己手新旧账项，春和自行填还，不与挂平钟姓相涉。倘日后钟姓发达不做，春和即将原收挂平老银一百五十两退还钟姓无阻。此系两家甘愿，并无套哄等情。恐后无凭，立出挂平约为据。

凭中邓光宇、康正光、邱信太、彭紫恒笔

道光二十三年七月四日立招挂平约帖户谭春和①

这份挂平约中，挂平人钟斗垣向贴户谭春和缴纳了行帖押金一百五十两，这个数目还是很可观的，但是和行商交易动辄上千两的交易数额相比而言却不占很大比例，可见这笔押金并不是担保债务清偿的，也就是说，挂平人自行负责挂平期间的债权债务，帖户不需要为挂平债务负连带责任。从协议看，挂平人在经纪业务中每售

① 四川大学历史系、四川省档案馆主编：《清代乾嘉道巴县档案选编》上册，四川大学出版社1989年版，第359页。

靛百斤，要向帖户上交银一分七厘，并承担三分之二的房租和二分之一的官府差务。挂平人的主要利益是牙行的经营权带来的经济利益，尽管不是全部的利益。帖户主要的利益则在于可以从行用中抽头而不用垫付资金和承担债务风险。帖户承担三分之一的房租和二分之一的官府差务。

挂平的实质是行帖出租，这种做法显然是违法的，不应该被允许。因为此种行为逃避了官府对牙行经营者的资格审查，并由此可能增加债权人的风险。不过实践中挂平却非常常见。例如在嘉庆六年八省客长们的汇报中，我们发现挂平户差不多占到百分四十。

“嘉庆六年六月二十四日八省客长禀状”中列举的挂平行户①：

> 仁裕行唐恒丰帖挂平付君选（药材行）、德泰行曾鹏飞帖挂平蒋升阶（药材行）、振义行熊择远帖挂平聂振义（药材行）、元玉行袁福荣帖挂平杨元玉（药材行）、远成行龙宗德帖挂平黄远成（药材行）、允兴行严忠恕帖挂平卢允兴（药材行）、恒升行王匡夔帖挂平黄恒升（药材行）、广丰行池天木帖挂平熊广丰（药材行）、源丰行潘定国帖挂平刘源丰（药材行）、洪昌行杨卿荣帖挂平涂洪富（布行）、长茂行冯义臣帖挂平肖长茂（山货行）、宁远行邹子清帖、挂平肖宁远（山货行）；聚元行刘□太帖、挂平刘聚和（山货行）、协豫行涂持万帖挂平徐简义（山货行）、光大行罗义聚帖挂平徐恩魁（山货行）、振泰行冷光远帖挂平付朝庆（山货行）、
>
> 忠信行李文魁帖挂平许忠信（山货行）、福贞行魏美堂帖挂平罗福贞（山货行）、宗履行白辉廷帖挂平吴以钦（山货行）、德和行李德兴帖挂平杨正方（山货行）、中正行肖益泰帖挂平徐中正（山货行）、福隆行王广聚帖挂平龚日正（山货行）、祥泰行黄应良帖挂平廖祥泰（山货行）、德昌行田圣瑞

① 四川大学历史系、四川省档案馆主编：《清代乾嘉道巴县档案选编》上册，四川大学出版社 1989 年版，第 252~253 页。

帖挂平黄德昌（山货行）、丰盛行吴长兴帖挂平许丰盛（山货行）、福豫行潘殿华帖唐福豫（山货行）、永和行罗隆远帖挂平孙永和（山货行）、广兴行胥斯源帖挂平洪广兴（山货行）、仁昌行马建伦帖挂平刘凤亭（山货行）、鼎丰行刘昌祖帖挂平刘鼎丰（山货行）、履泰行罗正兴帖挂平彭履泰（山货行）、洪茂行刘卓帖挂平谢洪茂（山货行）、正兴行邓文翼帖挂平张正兴（烟行）、益源行李斐□帖挂平廖万宾（烟行）、福聚行张信顺帖挂平邓福聚（山货行）、福太行谢源太帖挂平苏华顺（山货行）、胜太行邱凤梧帖挂平□胜太（糖行）、亿兴行易世膺帖挂平彭祥胜（山货行）。

这么多挂平行的出现说明两个问题：一则行户正常承充非常困难，二则行商买卖有利可图。巴县档案中行商案件中随处可见的“挂平”字样也说明挂平在实践中已经合法化。

2. 行帖继承和私下转让

行帖是归属特定行户的，理论上只可在官府更名，不能私自继承，更不能私下转让，但父死子继不可避免。① 同时，如果出让方和受让方存在比较亲密的关系，出让人与受让人都认为行帖不更名的风险较小或不存在时，私下转让貌似也是可行的。

巴县档案就有这样的例子。袁廷忠的父亲高照和叔叔高旭有祖上遗存牙帖一张，每年帖租两房均分。后来估计是两房为行帖发生过纠纷，经他人调解，袁廷忠同意将牙帖全副推与叔婶收纳租银。道光二十八年十二月二十五日，袁廷忠出具“牙帖推顶约”，注明“所有帖租、帖课、编审、唤验等事，自身出推之后，一概不与身

---

① “牙行子顶父缺，若非身家殷实，原令于编审之年查明更换。如果身家殷实，其子为人循谨，无累商民，仍令顶充。”乾隆七年议复晋抚咯，《钱谷指南》之“市廛牙行”，《明清公牍秘本五种》，中国政法大学出版社1999年版，第417页。

相涉，有叔婶收租，一力承担”。①袁廷忠书立的推约表达了出让的意思，声明了转让的后果。婶婶袁李氏则写立了“收领牙帖约”②。此例中牙帖原始持有人名字是何许人不可考，但既然称“祖上遗存”想必已经辗转数代，袁廷忠也是从父亲高照手中继承了牙帖的共同共有权。可见实际上存在牙帖的继承。至于牙帖的转让只是双方各出一纸文书，转让就算完成了。

私自继承或私下转让实质是一样的，都是私相授受。不过民不告，官不究，天长日久，也就习以为常了。

3. 行帖更名

行帖更名是行户更替的正规模式，这个过程中行户应该履行向官府报批的手续。前面述及刘兴芬顶补刘志坤山货牙帖即是其例。

巴县档案 6-3-4615 嘉庆六年“姜闵氏及子姜崇庆（随带子）控黄芬等硬立霸充，争夺铜铅行股权一案”也涉及行帖更名。姜宣才与刘声杨等三人伙开铜铅行，行帖登记原本在姜宣才名下。乾隆三十九年姜宣才携眷回籍，行帖更名刘声闻。此例中原持贴人搬迁，不再直接参与经营，故此将行帖转至其他合伙人名下。尽管案卷中未涉及更名手续，不过可以推测应该向官府报告并经官府批准方能完成更名程序。

尽管理论上行帖不能私顶，但是官府更名行帖程序之复杂貌似的确把很多商人都赶上了私充转顶的道路，巴县档案中正常更名的例子不多，挂平大量出现也是一个证明。

4. 行帖名称不变，新人入伙

行帖只能署一人之名，因此严格来说行户应该限于个人，但实践中合伙经营的行户也不乏其人。这种情况下持贴人不发生变更，

① 四川大学历史系、四川省档案馆主编：《清代乾嘉道巴县档案选编》上册，四川大学出版社 1989 年版，第 373 页。

② 四川大学历史系、四川省档案馆主编：《清代乾嘉道巴县档案选编》上册，四川大学出版社 1989 年版，第 374 页。

也可能吸纳新人入伙。发生此种状况的原因一般是行户经营不善，以致发生严重亏损，直至无法清偿债务。这种情况下，或是出于行户的考虑，或是迫于官府的压力，原行户吸纳新人入伙，借助新合伙人注入的资金，行户得以重振业务，并希望最终可以清偿债务，恢复元气。

这一类事例颇多，上文巴县档案 6-3-4615 姜闵氏母子的案件中，铜铅行在乾隆四十三年就曾经因亏空客账，无力偿还，邀请喻成业、唐振修、何南秀同黄吉安入伙，四人各出本银八百两，共凑集银三千二百两偿还客账，这四人同时成为铜铅行的新股东。巴县档案 6-3-4642 嘉庆十年“本城民吴起彦具告行户邱正兴等朋充侵吞所欠账银一案”也是类似情况，不同的是，这个事例中在吸纳新人入伙的问题上，官府起了关键作用。吴起彦的父亲吴正格与金海望伙开裕兴行，负债亏损，濒临倒闭，被债务人控追，无力偿还欠债。巴县正堂葛县令责令金海望寻找新人入伙，合伙开设以清偿该欠客户的账款。后来金海望找来郑殿扬出本入行，摊还客账。三股东议定待将行账还完，行底以三股均分结案。

合伙行的出现扩大了行户的资本额，提高了行户的清偿能力，官府通常乐见其成，不过在官方登记中，行户只能是个人即一个名字，官府并不记录合伙行户的具体组成人员。

三、行户竞争

行户的经营范围大体上可由行帖规定，行户原则上只能在行帖范围内经营，但是一行内行户并不是只有一家，不同行业的行户经营的商品也可能有所交叉。因此同业行户之间固然存在竞争，非同业行户之间的竞争也不可避免。

1. 同行行户的竞争

同操一业，争夺生意发生纠纷在所难免。巴县档案 6-3-4690 共有两案，其中一案就是一起山货行内部竞争引发的案件。嘉庆十三年八月，陕西客商张天盛、梁协和、马中兴贩运棉花来渝城发卖，因千厮、朝天两门山货行欠银数十万金曾被张天盛提起控告在案，张天盛等这次转投渝城城内各行发售。但千厮、朝天两门山货行称衙门有禁令不准城内各行售卖花包。故此客商张天盛等请求官府准许仍照过去惯例任客投行。接案后巴县县令让八省客长议覆。八省客长遵照县府指示于九月初五日在府庙内齐集会议，会后八省客长向县府汇报称调查发现行帖内有记载“非本行货物及有二三行者任客自投”，而且渝地章程一向系任客自投，缘于各客商都有素日相信的行户，是以听从客便。客长们向官府建议嗣后各客卖花有愿赴千厮门各行及各城门内外各行售卖者，仍照从前惯例听其自便。县令同意，批示此后棉花客商来渝可以自行选择千厮门、朝天门的行户或城内行户发卖货物。

任由客商自由选择行户，实际上是鼓励行户之间的自由竞争，不过竞争各方也可以通过协商解决生意纠纷。巴县档案 6-3-4759 嘉庆十六年“民妇杜王氏鲸吞用银，欺公藐法告陈正书等一案”牵涉两家木行户之间的纠纷。陈正书和杜福泰用杜福泰兄杜永丰木帖合伙开行与周协盛等木行户因过江木材生意发生纠纷。原本陈正书独占了该生意但同意每年补偿周协盛等银三十二两。现在杜王氏控陈正书合伙不分利。周协盛则告陈正书五年违约未给补偿。县府裁定两案合并审理。不过我们在案卷中没有看到最后的审断结果。可以确定的是，此案中的两家木行户曾一度通过给付补偿解决了竞争纠纷。

对于同业行户之间的竞争，官府的态度比较确定，就是放任自流，听之任之。

2. 异行行户竞争

行帖是有经营范围的，因此如果持有此帖经营彼业也属于无帖经营。异行行户竞争其实质是行帖所限定的经营范围是否有垄断效力的问题。理论上官府应该严格禁止跨行经营。不过实践中则不尽如此。

关于异行行户之间的竞争，巴县档案中有一个一波三折的案例，极为生动地体现出官府在面对此类争端时左右摇摆的态度。

事件可以追溯到嘉庆元年，赵扬玉遵巴县衙门招募，认顶已故燕孙谋的鱼行牙帖。赵扬玉的鱼行开张不久，嘉庆二年就和开山货行的杨鼎丰、陈隆泰等发生鱼货纠纷诉至官府。县令出示晓谕凡属盐鱼货物来城须投鱼行发卖，别行不得争截，私相授受，至误税课。但是这一争议并未解决，嘉庆三年十月十二日，陈隆泰、杨鼎丰等在巴县衙门控告赵扬玉、王复先独霸诬抢（巴县档案 6-3-4599）。十月十五日，赵杨玉也向府衙控告陈隆泰等抢卖鱼货，府衙批发到县。巴县衙门十二月初四日对双方的互控进行了审理，县府推翻前断，判决双方均可卖山货、鱼货。赵扬玉也承诺任客投行。

时隔一年，纠纷再起。嘉庆四年三月十九日，赵扬玉为杨鼎丰欺行霸市事上控藩司（巴县档案 6-3-4669），四月二十日，案件依旧批发到县。嘉庆四年五月二十四日庭讯，巴县县令仍依前案断令任客投行。赵扬玉不服再次上控。十月初七日，布政使林批复巴县详文，称行帖规定经营范围，目的就在于防止违规营业。赵扬玉领帖开设鱼行，所有鱼货买卖理应归其经营，别行没有鱼帖无权截卖鱼货。杨鼎丰、陈隆泰领山货行帖，山货自然归其发卖，持鱼帖的赵扬玉当然也不能经营山货。虽然此前燕孙谋曾违规异地开行，但不应据此轻易裁断任客投行。巴县县令接藩司批示后发布告示："为此示谕上下两河鱼客并山货□□人等知悉，凡遇盐鱼客货来渝，该行发卖，山货行不得邀阻拦截，私相授受致误税课，倘敢仍前争夺拦□，许该行户指名具禀。本县以凭查究，按律详办，决不姑宽，各宜凛遵，毋违特示。"（嘉庆五年八月十七日）由于上级衙门的干预，这次巴县县令没有维持任客投行的旧例，而是认可赵扬玉有权垄断鱼货买卖。

但是争议并未就此终结，嘉庆五年年底纠纷再起。巴县档案 6-3-4611 记载了这一次的争议详情。嘉庆五年十一月初七日，赵扬玉向巴县衙门控告，称自己在朝天门设立大行，十一月初二日开张，并贴出告示招揽客商。有数位客商前来买卖。但初五日陈隆泰、杨鼎丰仍在下游大佛寺木洞拦截渔船，不让渔船前往赵扬玉行内买卖。初六日又再次截夺鱼货。县府受理了案件并出票传唤。其间有鱼客邹□德告状，称在赵扬玉行代卖客鱼十一包，原来约定初三日由鱼行先行垫付客本听客买货，后卖客鱼兑还鱼行行本。不料鱼客初三日前往取款，赵扬玉却无力支付。邹姓鱼客因此控告赵扬玉垄断，要求自主发卖，自行纳税。同时杨鼎丰、陈鸿泰等具诉状称，赵扬玉的合泰行邀集十余人在大佛寺河泊设立巡船，贿买痞棍亡命之徒充当巡差，红印查验，拦河邀截，强起客货。众客因行主、买客两不相认，不愿赴合泰行起货，因此赵扬玉才将杨鼎丰等人告上公堂。杨鼎丰等并称曾在渝城代客买卖广鱼数十余载，历年来供应各衙门祭祀差鱼，不可胜计，有官府开给票据为凭，仍要求任客投行。十一月十三日，江西鱼商邓胜辉控称干鱼十五包寄卖赵扬玉行，赵扬玉不能按期将货鱼发卖，眼看干鱼腐烂，三百余两本金将至亏空。县府批示："该坊差役即饬赵扬玉速将邓胜辉客货觅主出售，毋得延□致干未便。"十七日，邓胜辉再呈称鱼包遭抢夺曾入水恐日久腐烂，且赵扬玉鱼未卖出，反勒索税银，每两三分讵银九两五钱二分。县令批示："尔既将干鱼在赵扬玉行内起出，自可另投行变卖可也。"并于十一月二十三日要求八省客长查复有无勒收税银事实。十二月八省客长禀覆称本月初四日邀集理论，赵扬玉未经卖鱼收取行用是实，客长们已经让其偿还邓胜辉，邓胜辉也已当众收清。但此后官府究竟如何处理两行纠纷不详。看情形，恐怕会再次回复任客投行。

除了鱼行和山货行的纠纷，巴县档案中还记载了数起山货行与广货行之间的竞争纠纷。巴县档案 6-3-4686 嘉庆十三年五月"本城行户严集义、熊吉庆具禀王西昌违例越搀等情一案"：严集义等开山货行，王西昌开广货行。所谓山货主要是指皮革、桐油、白蜡、木耳、竹笋等产自山区的四川（以及西藏、云贵经由四川输出）土产。所谓广货当也是对某一类商品的总称，不过广货行经营的内容未见明确记载。① 理论上布匹应属广货，归广货行发卖。但实际情况似乎是山货行在卖布匹，广货行也在卖山货。本案中严

① 许檀：《清代乾隆至道光年间的重庆商业》，载《清史研究》1998 年第 3 期，第 32~33 页。

集义控王西昌截卖山货。严集义等援引乾隆五十年旧案，称从前衷县令有判决在先，山货行、广货行向来均卖布匹，虽然违例，但相沿已久，已经成为习惯，断令山货行每年补贴广货行办差经费四千文，可以代卖布匹。言下之意，山货行卖布匹并不为过，广货行卖山货无凭无据。严西昌则称严集义等未遵断补偿差费。面对双方争执，县府示谕山货广货各行秉公处理。不过此案调处结果，案卷中并未看到。

但是就在这一年又发生了类似的案件，巴县档案 6-3-4690 中包含了两个案件，其中嘉庆十三年五六月的事件还是山货行、广货行纠纷。开广货行的张福源、康维新等以“抗差控累，缕陈电究”控山货行吴正太、吴通顺、朱大有抗不帮给（即山货行因代买布匹帮给广货行 40 两的旧案判决）。吴通顺等则辩称因广货行也卖了山货，本来答应请唱戏道歉也没唱，所以山货行才没有支付该笔补偿款。县令断令山货行还是如前帮给广货行差费，广货行则不得掺售红白花。

行帖制度理论上应以按帖经营为原则，即行户只能在行帖核定的范围经营，并相应拥有该领域的垄断经营权。但是上面的事例显示，地方官在执行这一专营制度上似乎缺乏积极性，也不够坚定。只有在面对上级压力的情况下，才被迫作出表示，否则仍会倾向于听任自由贸易。究其原因，或许是由于只要有人应差，于地方官府利益便并无妨碍。而工商经济秩序，本不是官府管理的重点。官府对于行户之间的竞争缺乏主动干预的积极性，多数事项委诸客长为代表的商人自治组织，具体处理上偏向于遵循旧例。

四、债务纠纷

行商贸易是以行户为中介的交易方式，行商买卖中存在三方当事人，出卖方、买受方和行户。出卖方（卖客）将货物在行户处寄卖，行户负责联系买受方（买客），如行户资金实力雄厚，也许还可以提前支付货款给出卖方，否则则可能需要待货物售出后方能向出卖方支付货款。也有的行户只居间介绍，对买卖价款不负责任。由于行户的中间地位，行商买卖中主要存在两类债务纠纷：行户欠出卖方货款、买受方欠行户货款。尽管为降低债务风险官府要求“发货之时，牙行带领铺户，三面查货亲交，计货多寡立定限帖，并同往铺家认识居址。如届期限，客人、牙行一同索讨债”。①出现债务纠纷的概率未必因此便能减少。

按照朝廷的想法，行户对铺户欠款负有不可推卸的责任，理由是行户熟悉铺户。②“铺户拖欠商人者，将本牙行帖返缴，勒限三个月清还，仍行给与。如逾限不完，即行更换。若系本牙行诳骗商人，将互保行帖一并追缴，勒限清还。本牙更换互保行帖，仍行给与。如逾限不完，将互保之人，并行更换。”③ “牙行惟图用钱，任凭铺户坑骗客货，除逾限不完，将牙人革退外，仍将铺户勒限追比。其不足之项，令牙行赔补。其牙行侵吞客账，除逾限不完，将本牙及互保之人，一体比革外，仍将本牙责限追比，变产抵还。其不足之项，令互保摊赔。”④ 按这一规定，无论是由于铺户的原因还是牙行的原因导致客商货款无着，行户都脱不了干系。不过实际情况远没有这么简单。

1. 行户欠出卖方货款

行户的经营属于代客买卖，最终取得出卖方货物所有权的不是行户，而是买受人。出卖方应向行户还是买受人要求偿还货款？这

① 清乾隆五年三月定例，《钱谷指南》之“市廛牙行”，《明清公牍秘本五种》，中国政法大学出版社 1999 年版，第 417 页。

② “铺户之殷实消乏，惟牙行知之。”清乾隆五年三月定例，《钱谷指南》之“市廛牙行”，《明清公牍秘本五种》，中国政法大学出版社 1999 年版，第 417 页。

③ 清乾隆五年三月定例，《钱谷指南》之“市廛牙行”，《明清公牍秘本五种》，中国政法大学出版社 1999 年版，第 416 页。

④ 清乾隆五年三月定例，《钱谷指南》之“市廛牙行”，《明清公牍秘本五种》，中国政法大学出版社 1999 年版，第 417 页。

是一个显然需要明确的问题。巴县档案 6-3-4768 “本城监生张荣和具告唐大生等奸棍凶骗等事一案” 解释了这一疑问。

嘉庆十六年，内江县人张荣和贩运白糖，投复兴行发卖。九月初十日，张荣和的三十四包白糖全数卖给了开水橘糖坊的唐大生，但张荣和只收到银一百两，还欠价银六百三十八两八钱九分，约定十二月中付款。十二月中，张荣和来渝收账，买主唐大生称糖款已付给复兴行。张荣和向巴县衙门起诉，控告买主唐大生，跟要（连带追诉）行户吴允仲、杨崇盛、吴连生。张荣和的想法是希望官府帮助其向买主唐大生追债，同时他也认为合伙的行户有义务将欠款的买主送案，所以列这三个人为跟要。不过巴县衙门似乎对谁是主要责任人并不确定。因此十七年二月初三日正堂吴县令批示差役协同八省会首确查。二月十二日，八省会首回复称应由复兴行承担还款责任：

> 遵查缘糖客张荣和运糖来渝投复兴行户吴允仲等经手发售，查渝城各行向例如有买卖客商自相交易，□行议价，行票注明自汇自兑者，应卖客自向买客收兑，不与行户相涉。若经行户发卖，行票内并无自汇自兑字样，卖客不能向买客收银，均惟行户是问，不与买主相涉。今查唐大生所买张荣和糖觔，查无自汇自兑票据，所有银两应于行户名下着追。事因行户吴允仲等□银两□吞，藏匿不现，以致张荣和客本无归，羁滞在渝，株控唐大生在案，经□查明，循照行规向例验明彼此行票，自应仰恳宪台饬差严拘行户吴允仲、杨崇盛讯明着追给张荣和收领，庶客本有归，以免守候，旁系无辜，理合将查议缘由缴委禀复。

会首们确认是否由行户负责还款主要是由交易方式决定，可以通过核查行单的相关记载得到明确。如系买卖双方自行交易，行票注明“自汇自兑”，由买方负责清偿；如系行户居间作成买卖，行票没有标注自汇自兑，则应由行户负责还款。① 之后因行户吴允仲外出，其子吴连生被提讯。后吴允仲亦到案，由萧复生具保限状保出，吴允仲承诺两月内清还欠款。

此案中，八省会首的查复说明行商买卖既有买卖方直接进行资金清算的模式，也有由行户作为资金中介的交易模式，在第二种模式下，行户实际上承担了支付出卖方货款的责任。不过尽管官府招募行户时要求行户家资殷实，但是在交易额相对较大的情况下，行户提前垫付货款恐怕也有很大难度，因此行户拖欠出卖方货款的情形还是经常发生的。

例如，巴县档案 6-3-4593“合江民王广崇具告谭铭玉等奸牙骗惨等事一案”：嘉庆二年十一月十四日，王广崇等三人控称于本年十月初一日贩靛包投谭铭玉等所开谦泰行发卖，三人靛斤共卖得银一千四百八十五两（其中王广崇九百六十两，谢德贤三百二十两，施之周二百零五两），被行户谭铭玉等私行兑收。

巴县档案 6-3-4660“贵州民秦玉顺具告李德丰奸牙骗害等事一案”：嘉庆十一年十一月，贵州人秦玉顺控德丰行行户李德丰、挂平胡天佑先后于嘉庆九年和嘉庆十年该欠其笋价一百八十八两和二百六十三两，屡讨不给。本年六月二十四日，胡天佑写立票据，承诺以代秦玉顺还周恒顺米银七十一两五钱的方式偿债，但并未兑现，以致周恒顺将秦玉顺的笋子九包扣留不许发卖。此案传唤无果卷终。

巴县档案 6-3-4663 嘉庆十一年“客民刘万顺告万丰行违例吞骗案”：江西人刘万顺住涪州，做杂粮生意，从涪州所属白马镇收买杂粮运往渝城陈万丰行发售。刘万顺控称陈万丰嘉庆九年、十年

① 山本进认为存在牙行和经纪的区分：“客商从远方前来进货或售货，首先要投宿到牙行，在那里等待前来出售或购买产品的人出现。牙行则将客商的商品保管在店铺内，然后出去寻找买家，找到买家后就自己来担任买卖的中介人……但是随着时间的流逝，牙行之中逐渐出现了经纪人。他们先垫付资金将货物买下来，然后再转手卖钱。这样，商业交易中牙行的独立性也就变得难以保证了。”［日］山本进：《清代社会经济史》，李继锋、李天逸译，山东画报出版社 2012 年版，第 11 页。

共欠其货款银一百六十三两七钱一分，嘉庆十一年再次欠银一百九十三两七钱一分，前后合算共该银三百五十七两四钱二分。刘万顺多次讨要，陈万丰一直拖延躲避，拒不偿还。此案同样票传后没了下文。

巴县档案 6-4-5818 咸丰二年“民罗钧和告李大振卖棉花骗银两不给反扭伤民一案”，十月初三日，罗钧和控称道光十九年贩棉花投李大振裕和花行发售，李大振将棉花卖出，欠银八百七十两不给。罗钧和持有李大振亲笔书写借券限票，连年追讨，李大振分厘不偿。而李大振之子李钧荣等开设花铺，盈利数千。十月初二日，罗钧和再次往讨，被李大振纵子行凶，幸得杨德煌拖救。县府接状批示候验伤复夺，后无文。

这些事例中，行户欠出卖人货银动辄成百上千，这一数字从一个侧面显示了巴县商业贸易的繁盛，另一方面不少案例中告状的出卖人均声称行户曾一而再、再而三地欠款，这似乎又说明行商买卖中拖欠货款的普遍性，以致客商尽管已经有未能如期收回货款的经历，还是选择再次与行户进行交易。当然行户欠款似乎也是事出有因，那就是买客欠款。

出卖方选择向官府寻求帮助，结果如何呢？前面我们已经看到一些案件不了了之，这些案件中不排除有私下和解的可能，但显然也有的是官府未能传获被告，案件根本没有机会进入庭讯，债权人也就无从得到官府的救济。

不过由于行户经营的延续性，行户逃债的可能性较小，和别的纠纷比，这一类案件能够有所进展的比例还是比较高的。

行户欠款纠纷最常见的解决方式是庭外调解。官府会秉承一贯的调处先行的做法，将债务纠纷发付民间调处。在这个过程中，一些案件得以和解结案。例如，巴县档案 6-3-4680 “本城民刘志成具告方中和等奸牙吞骗等事一案”：嘉庆十三年正月二十一日，原告控称嘉庆十年六月二十日领东本贩运棉花至方中和叔侄行内发卖，价银共计二千五百三十两零八钱二分，但方中和等仅还银八百三十六两零，该欠一千六百九十四两，有行票为据。此案十三年二月初九日经街邻黄奎光等调处，方中和等答应分期偿还。另巴县档案

6-3-4756 嘉庆十六年“朱清顺为靛账交卖吞骗拐逃事告张同文等一案”，张同文、廖应生伙开洪茂靛行负欠客账五千余金，被朱清顺、李同丰、黄泰和等先后控案。县令牌委邱贞安、关履亨等约客查处禀覆，经邱、关等人理处，各方达成和解，张同文、廖应生将田业（折合八百两）交众债主自行出售摊还欠账。

即使没有在开庭前达成和解，债权人、债务人也可以在官司的任何环节上选择和解，例如巴县档案 6-3-4743“蓝祥顺、向光明等告邱正兴等拖欠靛银，串局诓骗一案”：嘉庆十六年二月初二日，蓝祥顺等控称邱正昌佃谭尚志牙帖在朝天门外开设正兴靛行，邱正昌的叔叔邱正兴在行经理。蓝祥顺等于嘉庆十五年冬、腊两月先后贩靛来渝，投正兴靛行发卖，邱正兴共该蓝祥顺靛本银一千四百余金。二月初五日，邱正兴具诉，称行客聂广志、张璧超该欠货款一千余两，收讨不齐，故未能及时偿还蓝祥顺等。二月初九日，巴县庭讯查明邱正兴欠款属实，县府断令押追邱正兴，限其二十日前缴还欠款。二月二十三日，廖大兴等将邱正兴保出，邱正兴承诺三月内收讨外债偿还欠账。三月底，向光明等一些债权人同意邱正兴每百两摊还三十两，余额写立借券，但蓝祥顺等三人不依，不肯撤诉。十六年四月，官府应原告要求票差催缴，邱正兴乘保出外，保人周殿明被押追。六月初六日高仕魁将周殿明保出。六月底邱正兴还款一百五十八两二钱，与债权人和解，余欠三百七十两邱正兴保证当年冬月和来年八月分两次还清，案件息销。本案原被告蓝祥顺与邱正兴在执行过程中达成和解。

没能调解、和解的案件，如果当事人能够到案，官府审断，押追还款也时常能取得令债权人满意的结果。例如，巴县档案 6-3-4716 嘉庆十四年“本城民刘恒涌具告蔡尧辅等掣买鲸吞等事一案”：蔡尧辅开杂粮行，十月初二日买刘恒涌黄豆三十二石八斗，付过三十两，该银五十九两四钱三分。十一月初四日，刘恒涌向巴县衙门控告蔡尧辅欠款。蔡尧辅辩称铺户王义顺等七人该黄豆价银不给，导致无法偿还欠刘恒涌的货款。初五日，巴县庭讯断缴押追，十三日，蔡尧辅弟弟蔡尧佐具限状承诺半月缴清。但至十二月仍未结清。十二月初九日，官府复讯，县庭仍断具限押追。十二月十八日，蔡尧辅缴款结案。

当然押追并非万能灵药，官府也有无可奈何的时候。巴县档案6-3-4732“本城监生朱长春具告吴洪剑等欺异逃骗等事一案”：嘉庆十五年八月二十四日，朱长春控称十四年二月贩运棉花投吴洪剑所开正泰行发售，吴洪剑该银三千三百余两，吴洪剑当时承诺四月还银但一直未清偿。十月十八日，巴县衙门讯断，将吴洪剑管押，令其卖房还款。十月二十五日，官府令约邻王成治等将正泰行行房变价偿债。不过执行似乎并不顺利，或许是没有合适的买家，或许是约邻们执行不曾尽力。十二月底，吴洪剑取保释放。这个案件中，官府将债务人管押，要求其买房还债，但是历经两月，货款并未执行到位，年关界至，官府也只得同意将债务人取保释放。此后能否恢复执行，实在难以预料。

2. 买受方欠款

行商交易中，行户一手托两家，一方面，行户可能拖欠出卖方的货款，另一方面，买受人也可能拖欠行户的货款，此种拖欠往往直接导致行户无法偿还委托行户出卖货物的客商的货款。买受人拖欠行户货款的例子在巴县档案中也很多，例如，巴县档案6-3-4617嘉庆七年“本城行户徐恒茂具告龙浮元恃凶估骗事一案”：八月初十日，徐恒茂控龙浮元字号亨盛该欠客银二千三百一十一两三钱六分。八月十八日巴县衙门委托八省客长查复理处。嘉庆七年八月二十五日，徐恒茂禀称对方不遵理处。正堂李县令批示：“候复到夺。”卷终。

另一例，巴县档案6-3-4764嘉庆十六年“王信义为掣买棉花滚骗价银事告袁仕俊、郭尚文、郭尚发一案”：十二月十三日，在德顺行挂平代客买卖之王信义向巴县衙门控告袁仕俊、郭尚文、郭尚发等的全泰合记在德顺行买棉花十五包，该银五百六十两。无下文。

又如，巴县档案6-3-4767嘉庆十六年“王式万为伙掣逃籍叩文移关事具禀王必华、王文楚等一案”，王式万系楚人，在巴县维新行挂平，王式万控王必华等该欠棉花银两二千三百余两。经巴县衙门请求，夹江县关传到王文楚，但被其趁隙脱逃。十二月二十四日，巴县正堂叶县令又再次向夹江县催关，但是否关到，案卷中没有交代。

这些案例中买客拖欠行户的货款和前面我们看到的行户拖欠卖客的数据一样都堪称数目巨大。行户因买客拖欠而陷入被卖客追讨欠款的窘境，巴县档案 6-3-4648 “本城民毛大顺具告李楚高奸掣驼骗等事一案” 中，毛大顺的控状对此有非常生动的描述。

> 具告状人毛大顺系湖北人，住本城千厮坊，年四十五岁
>
> 呈为奸掣驼骗，叩法究追事。情蚁行业营生，代客买卖。嘉庆七年有李楚高来行赊买客花，该银四百两零，行帐簿据。讵伊掣花到手，拖今三载，分厘不给，卖客追银如阎逼命，节年掉借，代伊填还，每年赔利百金，叠次向伊催讨，百计支吾，如再讨急，伊反怒目张牙，耀武扬威，凶横莫制，但蚁开行原系代客买卖，似此买客不还卖客追由索命，莫可如何，前月蚁将自置行房一院，执客作押，抑且不能清还，今卖客丝毫不楚，硬阻不容，蚁贸情惨已极，泣叩仁天作主，法究刁奸，严迩驼骗，以还客本，沾恩伏乞。
>
> 嘉庆十年十一月初三日

控状中毛大顺声称自己开行代客买卖棉花，李楚高赊买棉花，该欠货款四百两，拖欠三年未还。卖客向毛大顺追讨欠银犹如阎王逼命，自己只得到处借钱，代其还账。前月不得已将房屋给客户作为抵押，还是不能还清。当然作为控状不排除这些描述有夸张成分，但如买客不能按期付款的确会给行户带来很大困扰。

另巴县档案 6-3-4773 嘉庆十七年 “本城民廖福顺具告黄万顺等豪恶伙骗等事一案”，行户廖福顺控称开行代客买卖，有白蜡客黄万顺等在行买白花，除已付部分外下欠银二百七十两零九钱一分，立有行票，限三月还清。但虽经廖福顺多次催讨，黄万顺仍未能偿还，致使 “民（廖福顺）受客辱催，势莫奈何”。

面对买客的拖欠行为，如果可能，行户会采用自力救济的方式

解决欠款纠纷。巴县档案6-3-4628嘉庆八年“本城千厮坊民金正存具告王生虐等串通掣骗其棉花等情一案”：嘉庆八年十二月二十七日，金正存状告合兴行王生虐截走棉花。不久案件经调处息销。嘉庆九年正月二十二日，湖广客总李茂□的息状称实情是和金正存合买棉花的袁兴盛在王生虐的合兴行赊买棉花，该欠客银，以致王生虐将金正存等的棉花五十包起行。经调解，五十包棉花中的三十包用来抵账，余下二十包由王生虐返还金正存。此例中，合兴行行户王生虐因买客该欠货款，截走欠款人的一批棉花用以抵偿。

当然能有条件实施自力救济毕竟是比较凑巧的事情，行户诉诸官府寻求司法救济还是比较常见的。巴县档案6-3-4740“（元龙行）行户张旭东为追讨笋货价银，恳请起货告刘太兴、温太兴等一案”：刘太兴同妻弟温昌富在金沙坊开太兴笋子铺，嘉庆十五年十二月，张旭东控其该欠笋子货款，但差役未能传到刘太兴和温昌富。张旭东担心笋子易坏，向官府请求协同公差、街邻、坊长将刘太兴行内存货起出发卖以抵偿客账，正堂叶县令批示同意。张旭东于是从刘太兴行内搬走笋子六包，川桃二包。因还欠笋子一包官府又将刘太兴的雇工欧洪顺押班。后来刘太兴的堂叔具禀称以川桃抵笋子相差无几，经庭讯，欧洪顺被释放，结案。此案中买客刘太兴等该欠行户张旭东笋子价款，张旭东请求官府扣押变卖欠款人的存货以抵偿欠款，得到官府支持。

巴县档案6-3-6584“洪崖坊蔡朝锡因帮贸，遭从中卖货欺诈要手段诈钱等情告魏大全等一案”：蔡朝锡在洪裕杂粮行代客买卖。道光十二年七月二十四日，魏老大通过洪裕行买客商丁文朝小麦十石，每石值银三两六钱四分，共该银三十六两四钱。魏老大将麦分给张太顺四石。道光十二年八月初八日，蔡朝锡向巴县衙门控追欠款，将魏景贤、魏老大（德全）父子及张太顺列为被告。魏景贤诉称父子早已分家，儿子的欠账与己无干。张太顺则称自己应该付的银两已经付给魏德全。八月十七日巴县庭讯，魏德全未到案。县府断令魏景贤缴银七两，张太顺缴银七两，蔡朝锡垫出十六两赔还丁文朝麦价，其余银六两四钱令丁文朝义让，蔡朝锡所垫之银向魏德全追讨。本案中魏德全和张太顺通过洪裕杂粮行合买丁文朝的小麦，该欠货款。杂粮行蔡朝锡估计是因被卖客追讨欠款，故将买客告上衙门。最后官府让实际欠款人魏德全之父魏景贤和另一欠款人张太顺偿还了部分款项。

此外，巴县档案6-3-4737嘉庆十五年“叶怀礼、叶怀义等告刘宝源抗延不缴行花价银一案”：叶怀礼、叶怀义兄弟开设恒裕行代客买卖棉花，买客刘宝源未能偿还欠款一千三百两，导致卖客于十五年六月控官，官府将叶怀礼管押追账。叶氏兄弟因此于十五年七月二十八日具控买客刘宝源等，后经巴县衙门向永川县移关，传到刘宝源并将其押追还款，之后刘宝源变产清偿。此案中巴县官府通过寻求其他地方衙门的帮助，最终为行户追回了欠款。

在官府代为追讨欠款的过程中，行户也不能置身事外，有时候他们的积极行动恰恰是案件得以解决的关键因素，如果没有当事人的配合，也许案件搁置日久就不了了之了。下面是两个行户将欠款人送案，通过官府追债成功的典型事例。

巴县档案6-3-4661、6-3-4666、6-3-4671三份卷宗是同一案件，即行户熊广丰具告买客赵芳征等拖欠货款案。熊广丰开药材行，赵芳征在熊广丰行买药材欠款一千六百两，赵芳征开始以红契抵押后来又想办法拿走了红契。嘉庆十一年八月初七日，熊广丰起诉，县令批示约、中、坊、厢查理处覆，但没有结果。官府继而出票传唤，但被告赵廷抡（赵芳征之子，实际欠款人）未到。嘉庆十二年二月初三日，熊广丰禀称看到赵廷抡出现，县令批示：“赵廷抡是否出面，仰即扭送。”三月初九日，熊广丰将赵廷抡扭送到案。四月初三日，县府庭讯，赵廷抡称货船翻沉、生意折本，欠款属实，同时请求宽限两月还熊庆丰银六百二十两，但官府只准予一月内还款。此后赵廷抡还了六百二十两银子，余款立限偿还。这个案件中欠款人未到案致使原告追讨欠款的诉求搁浅，好在原告在时隔半年后居然撞见被告，并成功将其扭送官府，才使欠款半数得以偿还，余欠也有了着落。

另一案也是如此，巴县档案6-3-4662“行户刘致和为银两串骗告杨国顺等一案”：嘉庆十一年十二月初一日，行户刘致和告杨国顺欠银一千多两。因被告住在崇庆州，十二月十七日巴县移关崇庆州，无果。十二年正月初九日，原告遇到被告，将其拿获送官。此案庭讯后，被告杨国顺被押追，后经调处，被告先期偿还三百两，其余款项立限偿还，双方具结结案。此案中行户告买客欠账，但被告人远在外地，官府移关也未能将被告人传唤到案。但原告正巧遇见被告，将其拿获送官，追讨欠款也就有了进展。

行户作为卖家、买家之间的中介和桥梁，无疑会同时面对卖客追债和买客欠款的风险，并因而发生钱债纠纷，那么在可以选择纯居间介绍和中介交易的情况下，为什么行户愿意承担这份的风险呢？原因在于行户可以于中介交易中收取一笔俗称“行用”的费用。

巴县档案 6-3-4650 嘉庆十年“本城民罗义利具告程绍贤伙谋掣骗等情一案”案卷中有对行户取用制度的介绍：“花行旧规，凡赊账半年以外者，每两抽用三分，卖客二分，买客一分，自一月外至五个月者，每两抽用二分，买卖客各出一分。银则计色取用，买客一钱六分，卖客七分，总计银二钱三分。”即花行行户可以从交易中向买卖双方根据赊账期限长短按月计收行用，比例是每两每月二分到三分；现银交易则按每两二钱三分的比例一次性收取行用。此后由于行户与客商就取用标准发生争议，县府委派八省客长筹议。客长们认为赊账取用可以仍然维持旧规，现银交易取用标准则应大幅下降，议按一分五厘计收，买客九厘，卖客六厘。但是客长们也报告说“奈众客以为多，而各行又以为少，各执意见”。不过官府最终认可了八省客长合议的结论。

行户取用规定中，现银交易中是否即使客商自行交易行户也有权原额收取不得而知。但赊账交易里显然都是行户承担了资金风险。在这种情况下，每两抽用两分或三分（按月）① 基本上已经接近借贷利率的上限②了，想必对行户还是有一定吸引力的。

行户的存在便利了买卖双方，尤其是方便了远道贩卖的客商；

---

① 康熙五十五年“杭州府告示商牙机户店家人碑”也录有杭州府的批示：“银货现成交易者，牙用止取一分，发银定货者，牙人有经手出入之责，每两取用二分。”参见彭泽益选编：《清代工商行业碑文集粹》，中州古籍出版社 1997 年版，第 190、183 页。

② 清律的规定是“每月取利并不得过三分”，民间亦有“三分利饱煞人，五分利饿煞人”之说。参见前南京国民政府司法行政部编，胡旭晟、夏新华、李交发点校：《民事习惯调查报告录》下册，中国政法大学出版社 2000 年版，第 469 页。

同时行户也是官府差务的重要承担者，为地方官府的正常运转提供了各种资金和劳力的支持，这些都是行户制度的客观必要性和价值所在。但是行户取用毕竟增加了买卖双方的交易成本，随着市场规模的扩大，行商交易日趋萎缩似乎也是一种必然。

第六章　合同纠纷

“合”“同”本来是古代在一式两份的契约上借以防伪的文字，当然也是双方意思一致的体现。严格来说，古代的契约与现代意义的合同不可同日而语，前者基本上是一方已经履行义务后，另一方出具给这一方的权利凭证，后者是双方对未来将要享受的权利和履行的义务的约定。因此本书中所说的合同多数不存在现代意义上的合同形式，所说的合同纠纷则多系一方已经履行主要的义务，但对方并未履行己方应尽义务，包括但不限于对价的支付。

一、买卖合同

合同纠纷种类繁多，而其中尤以买卖合同数量最巨。买卖合同，顾名思义为一方出售货物，另一方支付价金的合同。最简单的买卖是一手交钱，一手交货，钱货两讫，两不相欠。但是此种交易属于理想状态，事实上相当多的买卖并非这么简单。这其中或是买方提前预付货款或定金，卖方之后交货；或是卖方已经交货，买方未支付货款或仅支付部分货款。这两类情形都为此后发生纠纷埋下伏笔。

1. 纠纷类型

(1) 收货欠款

合同纠纷中最常见的一类自然是欠款不还，即买方赊账，承诺一定日期内支付余款但未能清偿。

这类欠款包括零星的小额账项，例如巴县档案 6-3-4597 嘉庆三年“本城仁里十甲民王吉陵具告王维纲等割猪肉不给钱等情一案”：王吉陵是卖猪肉的，王维刚买王吉陵猪肉，欠肉钱二千七百八十文。嘉庆三年九月二十四日，王吉陵向县衙控告王维刚，县府出票传唤当事人。十二月二十四日，差役禀报王维纲等躲不会面，票销。此案中被告所欠肉价不过两千余钱。另一案讼争金额更微，巴县档案 6-3-4604 “本城民宋万镒具告孙成万、何永成恃恶痞害欠钱不偿等情一案”：嘉庆四年七月初十日，宋万镒控称在教场坝开面酒茶馆，五月初十日开钱铺之孙成万代何永成买面一百六十碗，除已收部分，仍该九百三十文。县令批示：“候唤讯。”尚未出票，十三日原告呈请销案。此案中被告所欠不到一千文。

也有数额相对较大的账项，如巴县档案 6-4-5874 咸丰五年“周盛和告景心广等赊买其银硃药材，估骗银两不给将其凶殴一案”：二月二十九日，周盛和控告景心广、景和兴父子咸丰四年二月在铺内赊买药材，该银八十七两，原来约定八月归还不还，又请亲戚冯永兴担保年底归还仍不还。二月二十五日，周盛和在虎溪河赶场撞到景心广等，理讨反被凶殴。县府验有微伤批示传唤。此案最终结果不知。

这类欠款不还的案件，往往情节简单，双方对于欠款事实没有大的争议。

但是也有的欠款纠纷事有蹊跷，真相莫辨，如巴县档案 6-3-4624 嘉庆八年“本城民人赖荣乔、赖发神具告郑廷仁、王开元等买船欠银未偿一案”：九月初四日，郑廷仁等凭游德和、戴正常、赖荣贵等介绍买赖荣乔等大麻阳船一只，价银二百四十二两，先付过四十二两，尚欠二百两，议定十六日前付清。卖主赖荣乔等按买主要求移船至观音梁，但郑廷仁等一直拖到二十八日仍未支付余款。更可疑的是，赖荣乔等派去讨账的雇工李连生也一去不回。二十九日，赖荣乔等方才发现人船不见。十月初九日，赖荣乔向官府报告存案。此案未见对方当事人的说法，究竟如何不得而知，但如原告所述属实，不失为一桩奇案。

（2）付款欠货

虽然大多数情况是收货欠款，原因大体是卖方多急于出售，故不得不允许买方赊账，但是不排除也有买家已经付款而卖家并未发货的情形。

巴县档案 6-3-4618 “本城民唐占龙具告李培超、张朝禄擊骗凶伤等情一案”（此件标题有问题，实际上是李培超具控状，唐占龙具诉状）：嘉庆七年十月二十七日，李培超控称六月二十九日买张朝禄、唐占龙稻谷一百二十石，每石价银一两四钱，交银后唐占龙等不给谷并将自己殴伤（验无伤痕）。唐占龙在诉状中自陈并非伙卖，卖谷的是张朝禄，与己无关。巧合的是下面这个案子似乎和 6-3-4618 有关，巴县档案 6-3-4620 “本城慈里二甲民张朝禄具告程玉福等套买串骗等情一案”：嘉庆八年六月十八日，张朝禄控告买程玉福稻谷一百六十石未交。可惜这是一份残卷，不知道张朝禄是否因为程玉福没有交货而无法向李培超交货。

巴县档案 6-3-4646 “本城智里五甲民张同允具告廖新标串卖伙骗等一案”也是一起已收货款未发货的事例。嘉庆十年十月初七日，张同允买廖新标等烟叶，张同允已付货款三十一两七钱，却只收到烟叶三百斤，尚欠八百斤。张同允因此提起控告。县令让中人廖富永等查复。十一月初二日，中人等回复称张同允所控属实，但买卖双方拒绝了中人提出的无货退款的调解意见。十一月初七日，官府票传，十二月二十一日，差役回禀说三个被告一个逃匿，两个住在外县，现时届封篆，请示是否销票。知县批示同意销票。卷终。

上述两例，一为买米，一为买烟，是否因商品的特殊性而有先付款交易的情况由于资料不够详尽不得而知。不过买矿倒极可能是一类常见预付货款的交易。巴县档案 6-3-17076 、6-3-17066、6-3-17067 系属一案，道光九年冬，开煽铁厂的李三胜凭李正秀介绍，向曾耀先买铁矿，议定价格每万斤二十八两。李三胜买矿十万斤，预付了四十两。道光十年十月李三胜向官府控告称曾耀先仅交过值银四钱的铁矿，并将铁矿别卖他家也不退钱。

巴县档案 6-1-1906 “直里九甲欧国钦具告周朝选将已卖与民厂的工资铁转卖得双方价一案”也是一个收款不交货的买矿案例。欧国钦开设炉厂煽铁生理，刘大奇为欧国钦搪炉，每出铁一石，收塘铁九斤，作为炉头及工匠等人的工价，但这批铁仍归厂首自卖，炉首等人只可得价、不得私卖。欧国钦承买工资铁，钱已交清，刘大奇又将工资铁卖给周朝选，以致欧国钦向巴县衙门控告。

付款欠货并非常态，因为大部分商品是买方市场不是卖方市场，一般情况下似乎很难让买方同意先付款、后提货，不过从上面几例看，还是有少数商品存在先付款后交货的交易惯例，此时就难免会有发生交货纠纷的可能性。

（3）定金纠纷

定金是买方支付给卖方以确定合同成立的保证金。现代买卖合同中，通常约定买方拒绝购买，卖方不退定金；卖方不能交货，往往需要双倍返还定金。我们从巴县档案中可以看到清代巴县工商业者使用的定金和我们今天的定金概念是非常相似的，但是巴县官府却基本上将定金视同预付款。

巴县档案 6-3-4758“徐泰来为套掣烟钱、夯骗拖延事告罗恒泰钟运发等一案”：嘉庆十六年七月，徐泰来和罗恒泰、钟运发立下吊契（一种未来履行的买卖契约，类似现代的合同。）徐泰来为吊买人，罗恒泰等为吊卖人。徐泰来支付定银二百两，约定适用定金罚则，八月份付全款交货。后徐泰来无银不买，向官府控告罗恒泰等不交货也不退还定金，最后县府断令还银了事。

巴县档案 6-3-4755“徐泰来为卖烟找价欺买掣揹事告罗恒泰、钟运发一案”：嘉庆十六年七月十五日，徐泰来控称买罗恒泰烟捆，付有定金，但罗恒泰拒绝发货。二十日，被告罗恒泰诉称因见原告无银才不肯发货。官府断令罗恒泰交还定银，但原告拒绝领取，称要上控。

这两例中的定金似乎都没有能起到担保合同履行的作用，原因在于官府并未支持双倍返还定金的商业惯例。

（4）价格纠纷

价格纠纷是由于交易双方存在价格分歧产生的纠纷。巴县档案 6-4-5806 咸丰元年十二月“本城王运礼告严永华独勒买卖交易凶伤案”：十一月二十四日，王运礼到官府告状，称自己经营炭铺，炭价原来每斗九十六文，后调整到一百一十文一斗。严永华来铺里买炭，不肯按市价付账，并要包买。王运礼让其补交差价，严永华气忿之下将王运礼殴伤，客长张永吉坐视不睬。县令接到状纸出票派差役前往验伤，件作回来汇报说王运礼身上没有伤。县令于是批示："查验无伤显系诬控，毋庸唤讯。"这个案子中原告称客长坐视不睬颇为可疑，查验无伤更证实了诬告的事实。不过原被告之间曾否发生价格争议则无法确认。因为清代民众告状为争取受理夸大伤情也是常理。

也有的价格纠纷被当事人描述成其他性质，例如巴县档案6-4-5852"宣化坊艾锦源告李源华买黄缎，欠钱夯骗不给殴伤案"：咸丰四年二月十五日，开绸缎店的艾锦源控李源华托其代买黄缎四丈，该银八两八钱不付，还将自己殴伤。同日，杜仕举控告艾锦源，称自己承办二运铅帮，因匪乱不能开船，就到东岳庙祈愿，许下神袍一件。现在终于奉差开船，于是决定做袍还愿，托李联升（源华）在艾锦源铺代买黄缎一匹，价钱没谈妥，裁缝查看缎料不够，将黄缎退还，艾锦源不肯，仍要收钱。本月十五日被艾锦源抢去三百两运银。这案子一方称伤害，一方说抢银。双方对案件起因描述也不一致，一方讲的是欠款，一方说是退货纠纷。似乎各有各理，县令批示凭中证理处。不过三月四日铺邻裴万昌具禀支持艾锦源的说法。三月十九日官府验伤，艾锦源验有微伤。似乎艾锦源理直、李源华理亏的可能性还是比较大的。

（5）权属争议

买卖合同纠纷通常在买方和卖方之间发生，但是在特殊情形下，这类纠纷也可能涉及第三人。因为买卖合同有效的基本前提是出卖人拥有对出卖标的物的无可争议的所有权，如果在这一点上发生了问题，即出现了卖主之外对买卖标的物主张权利的人，就会产生买方与第三人之间的纠纷。

例如巴县档案6-3-7089"本城民刘永发具告张正川等藉影串诈等情一案"：刘永发系湖南兴化人，刘永发从同乡杨合兴处买船只，被杨合兴在渝之妾张杨氏串同故夫之兄张正川借故几次向刘永发索要银两。嘉庆十九年二月十五日，刘永发向巴县衙门具控。无下文。此卷中只有刘永发控状，究竟事实如何并不清晰，但杨氏要钱乃是借口对杨合兴所卖之船享有权益无疑。

（6）计量争议

某些商品交易可能涉及数量计量的问题，这个环节就是一个可能发生纠纷的环节。道光七年十一月，熊合顺、岳国顺、钟长春等烧饼铺户控告王三兴们磨坊用小秤卖面，原告声称“小的们都在本城设炉打卖烧饼生意，原向王三兴们磨房买灰面用，他们磨房灰面用秤每一斤只有十五两二钱，没有十六两天秤，小的们买用灰面多有折本。”①

巴县档案 6-4-5875 咸丰五年“节里十甲龚洪兴告刘方顺与龚光耀为买菜不平口角，刘便喝痞打伤龚一案”：三月初七日，龚洪兴控称在谢和兴炉厂焊火生理，前月二十七日以银九两六钱五分、钱二千一百五十文交雇工龚光耀去莲花石场换钱买货。结果龚光耀途中向刘方顺买干菜时为秤不平与刘方顺发生争执，刘方顺支使他人打落龚光耀银钱、货物，幸被王二赖拖救抬回。案卷中有传票，没有结果。这个案子中龚光耀向刘万顺买干菜就是因为称量问题发生争执，最后动了拳脚。

（7）购买毁约

巴县档案 6-4-5855 咸丰四年“本城人朱学成告骆召南贸马拆腰据理遭凶伤一案”：三月二十一日，朱学成控称骆召南买自己一匹红马，后来拆断马鞍，不肯交割。三月初朱学成到衙门告状，奉批理处，刘洪顺等在东岳庙组织调处，要求骆召南还是将马买走。骆召南不肯，反将朱学成殴伤。但是四月十四日验伤结果，朱学成仅有微伤。六月十五日，举人邹峄等具恳状请求注销案件，说二人已经和解，马匹还是朱学成牵回喂养。县令批示：“案经准理，虚实应候集讯，毋得起灭自由旁恳注销。”意思是，既然已经批准受理就不能随意撤诉。这个事件中骆召南大概是本来要买朱学成的马匹，估计尚未付款就反悔了，作为卖方的朱学成不愿意，这才发生纠纷。

① “道光七年十一月十一日熊合顺等供状”，四川大学历史系、四川省档案馆主编：《清代乾嘉道巴县档案选编》上册，四川大学出版社 1989 年版，第 388 页。

买卖合同的关键在于标的物和价金，因此所有纠纷均围绕这两个问题发生。

2. 非官方/半官方解决方式

清代买卖合同纠纷的解决和其他经济纠纷一样有着多元化的解决机制。面对因买卖合同产生的钱债纠纷，民间也有一些救济手段。

（1）协商抵押

协商抵押是欠款方无法及时还账，在债权人的巨大压力下，债务人以资产或资产凭证抵押，并约定如仍逾期无法清偿，则抵押物转归债权人。

例如巴县档案 6-3-4727 嘉庆十五年“本城民胡令望、江清、曹怀赤等具告赖天成等局串伙骗事一案”：胡令望等开设春茂荣号。郭正礼该春茂荣号名下棉花款一千多两。嘉庆十三年腊月由赖天成和王胜龙立下转劝字，将郭正礼在永川县的田契和欠票交二人保管，约定如郭正礼不能按期还款，则此二纸契据交给债权人任凭追讨。

此案中协商抵押程序包含两份文书，一份是债务人一方委托中间人收管契据的请字文书，一份是中间人承诺保管契据并在债务人不能清偿的情况下将契据转交债权人的转劝字文书。

先看请字文书：

> 立出请字人郭正义，情因堂弟正礼于十三年七月内在春茂荣号出白花七十一包，除收下欠花平花色银一千八百三十七两二钱四分整。当日原议八、九月陆续楚交。不料正礼将花项收支犹有外欠未归，以致临期失误。有江、雷二姓逼讨，无奈正礼只得央求众位赖成兴、王廷龙、宋协盛等转劝春茂荣号陆续缓收。当下交银四百两，其余俟来春二月内交银二百两，五月内交银三百两，八月内交银二百两，腊月内交银三百两，余欠俟至十五年五月内楚结无异。故将正礼所买永川县李世鳌田契一纸、谢太昇花票一纸交与王廷龙、赖成兴等手执掌。如至比

期无如交兑，任随赖成兴、王廷龙等将红契交与春茂荣号缴契比追，不与旁人相涉。正礼弟兄俯首无辞，今欲有凭，立出请字为据。

嘉庆十三年腊月十八日立出请约人：
郭正义、郭正仕、郭正礼、郭正达、郭正祥有押
在见人：罗乔光、刘鹏万、廖步云、刘仕伟全在
余祯祥依口代笔

请字文书的立约人是债务人的亲属。文书中说明了郭正礼该欠春茂荣号货款的事实经过，并由郭正礼的堂兄郭正义等代表郭正礼答应分五期清偿春茂荣号债务，承诺如郭正礼不能按期归还欠款，将郭正礼永川县产业用以抵债。请字文书是一份还款时间表和契据抵押的承诺书，债务人承诺，若不能如期还款，则存放于中间人处的契据将无条件转归债权人所有。

再看转劝字文书：

立转劝字人赖成兴、王廷龙，情因郭正礼该得春茂荣号名下重庆花平花色银一千八百三十七两二钱四分。因正礼弟兄一时难办，江、雷二人追讨甚急，以致郭姓突请赖、王二人再三转劝，江、雷二人始允缓收。至于期限，当下交银四百两，其下余银两，俟来春二月交银二百两，五月兑银三百两，八月兑银二百两，腊月交银三百两，下剩尾欠至十五年五月内楚结。其有郭姓弟兄自愿将所置永川县李世鳌田契一纸、谢太昇欠花票一张交与赖王二人执掌。如至期郭姓无银交兑，任从赖王二人将所执二纸交与江雷二人，任凭追讨或是禀功，不与赖王二人相涉，郭姓弟兄不得异言。今恐无凭，立此转劝字据。

嘉庆十三年腊月十八日立出转劝字人赖成兴、王胜龙

在见人杨子栋、刘仕伟、唐步云、刘鹏万、蔡恒太、余祯祥、秦广顺，罗耀光笔

转劝字的立约人是代为保管契据的中间人赖成兴、王廷龙，二

人接受了债务人的契据并允诺代为保管及在债务人不能按期偿还欠款时将契据转交债权人。转劝字再次确认了债务人的承诺，即按计划还款，否则抵押资产任凭债权人处置。

不过尽管白纸黑字，言之凿凿，但时至嘉庆十五年七月，郭正礼（即郭双顺）仍逾期不偿欠项，两个中间人也违背承诺，没有依约将契据转交债权人。嘉庆十五年七月二十三日，胡令望等具控要求赖天成等转交契据。县府向江津县关移被告郭正礼不到，正堂叶县令遂断令中间人赖天成等将契据交胡令望等，让他们凭巴县开给永川县的公文，照契踩业完案。

上述案件表明协商抵押对债权人来说是一种比较强的偿债保证，不出意外的话，基本上可以保障债权人的权利。但是由于契据的保管人并非有足够公信力的第三方机构，如果担任保管移交职责的中间人不能重约守信，此种担保的可靠性难免大打折扣。

（2）牵掣还账

牵掣是指债权人采取扣押债务人财物的方法追索欠款。前文述及消费纠纷时曾经提到牵掣。清代法律表面限制以私债强夺他人产业，实际上对不超过本利的牵掣行为抱默认的态度。上文所说债务人设定抵押，虽然多半也是缘于债权人的压力，但基本上还是债务人的自愿行为。牵掣还账则与债务人意愿无关，只是债权人为维护自己的利益单方面采取的措施。

巴县档案 6-3-4595 嘉庆三年“本城民李双和具告黄益标等估骗朋凶等情一案”就是一个买方欠棉花货款不还债权人实施牵掣的事例。李双和开棉花铺，嘉庆二年正月，黄益标、陈元宁在李双和铺赊买棉花，除已付款项外，下该银五十两，约限当年八月内清还。此后黄、陈二人一味推延，为躲避追债，不再来李双和铺买花。嘉庆三年二月十二日，李双和看见黄益标等在刘长发铺买棉花，李双和于是当场拦住黄益标并拿走黄益标所买棉花五十二斤，合银九两五钱，用以抵偿黄益标等的欠款，余银约限十七日付清。没想到黄益标不满，又会同王奉、何玉等人来李双和铺强拿棉花，因此李双和于嘉庆三年二月十七日提起诉讼，称因不允抢花遭到凶殴。被告黄益标则诉称并非陈元宁的合伙人，不应该为陈元宁的债务负责。此案后来因李双和染病中止审理。

另一个牵掣事例，巴县档案 6-4-5866 “本城骆广茂告秦嘉凤将伊装运草纸私卖一案”：咸丰四年九月十五日，骆广茂喊控秦嘉凤将忠州陈永顺发给自己的草纸私卖朱裕发。朱裕发则称并非私卖，事实是陈永顺欠朱裕发货款，故此朱裕发将陈永顺的信货起存铺内，除扣前账。县府断令货物暂存公所，去函让陈永顺来渝算账。

牵掣并不限于一个债权人对一个债务人，巴县档案 6-3-17046 “慈六甲秦宗林佃人山地挖炭，告黄正兴见炭好毁约，阻挖拿走工具等事”就是一个复合牵掣案例。秦宗林于道光五年七月支付押佃钱壹千文租赁黄正新矿山，每年租钱三千文，约定炭尽还山。道光六年十一月初三日，秦宗林向巴县衙门控告称自己花费八十余两银子方才见炭，被黄正新勒索钱一千二百文。十月二十五日，黄正新、黄正楷兄弟串同陈石宝（黄正楷的外甥）搬走炭厂动用什物，担去十余挑炭不还。此案十一月初十日经官府审讯查明秦宗林指控黄正新之事系诬告，将秦宗林掌责。另外，秦宗林欠黄正楷菜籽钱并会项，只该九百文，黄正楷搬拿器具不该，掌责。秦宗林欠陈石宝工钱贰佰三十文，与陈石宝挖走之炭两抵。此案中的衙门公断可谓赏罚分明，秦宗林诬告黄正新被掌责；黄正楷牵掣过限同样被掌责；陈石宝牵掣适度获认可。

上面这些牵掣的案例，均是债权人实施牵掣后，由于债务人不服、不配合，牵掣不成功，债权人或债务人一方或双方向官府控告。官府受理案件后则按牵掣是否有正当理由，是否超过合理的限度进行裁断。这些案例同时也反映出一个事实，就是牵掣往往不能完全解决问题。因此我们发现也有不少债权人为稳妥起见，采用了扣押加起诉的方案。

例如巴县档案 6-3-4733 嘉庆十五年 “本城民彭长明具告冯永盛套掣逃骗等事一案”：嘉庆十五年五月，冯永盛在彭长明铺内买布，欠彭长明布款一百多两，冯永盛逃债而去。九月，彭长明截获了冯永盛的货物（棓子三包）送案。此案中彭长明的行为和牵掣类似，可能是因为牵掣行为是在债务人不在场时进行的，债权人选择了将扣押的货物呈送官府，请求官府做主。

另一案巴县档案 6-3-4738 “李济兴告黄裕发串局诓骗银两案”也是这类事例：毛正和与毛正先是堂弟兄，毛正和让毛正先向李济兴代买棉花，毛正和已将货款付给毛正先，但毛正先未付给卖方，以致李济兴截留了毛正和载运的米豆（米二百石，黄豆四十三石）并于十一月初六日向官府控告毛氏弟兄和黄裕发（也是买棉花人）欠银一千六百两。毛正和被押追，另两名被告黄裕发和毛正先不在本县，未能关传到案。十一月十七日，县令断令毛正和将米豆变卖缴还欠款。同船装运的王天健的黄豆三十石及付元太公记米一百石不在变卖货物之内。跟货物同时被扣的衣箱验明发还。

在这类扣押加起诉的事例中，在欠款属实的情况下，官府通常的都会支持债权人变卖扣押物抵债的合理要求。

（3）债权折让

该欠多少钱自然应该支付多少，但是一旦被欠账，要想百分百收回欠款就不那么容易了。有时候债权人无奈之下，只好同意债权折让，即接受部分清偿。

巴县档案 6-3-4603 嘉庆四年“本城孀妇骆易氏具告申丰隆、申承佑唆阻祸迫欠债等情一案”：乾隆四十九年骆易氏的侄儿骆昌绪与他的妹夫申承佑伙开玉泰馆。乾隆五十二年生意倒闭，申承佑另谋营生，债主向骆昌绪索债，骆昌绪外逃未归。嘉庆四年，骆昌绪的寡婶骆易氏为免债主追索，将公共房屋一院出当，获银三百两，交亲族万廷柱料理，按六成的比例偿还所欠各家债项。

债权折让是在债务人支付能力不足的时候债权人债务人达成的一种妥协，通过这种妥协债权人得到了部分清偿，债务人暂时免了被追迫之苦。不过既然是一种妥协，当然债务人得同意债权折让，如果债务人不同意，还是可以按原额进行追索的。

巴县档案 6-3-4619 嘉庆七年“本城廉里四甲民杨时贤具告李玉才等欠钱不偿等情一案”：李玉魁买杨时贤毛铁一百石，除已付款外该银一百二十八两，原来约定八月清偿，但李玉魁到期未能偿还。十月二十五日，李玉魁因欠外债颇多，售产还账。经清理，李玉魁共欠萧微丰、杨时贤等十人银七百八十二两八钱五分，经约邻李升儒等见证，三成摊还二百七十两。尽管李玉魁委托弟弟李玉才将按比例摊还杨时贤的三十八两银子送到了杨家，但是杨时贤并不认可。十一月十二日，杨时贤将李玉魁兄弟三人一并控告在案。十二月二十八日，巴县廷讯，因李玉魁病重，县府断令李玉才代李玉魁书立八十九两四钱三分限状（宽限一月归还）结案。不久李玉魁病故。嘉庆八年二月初七日，李玉才、李至寿具禀，要求宽限等李玉魁儿子长大成人再想办法还钱，正堂葛县令批示："业经讯明代具限结在案，不得借兄故推延，致干比追，着即措缴毋迟。"要求李家兄弟赶紧筹款还账。此例中债务人李玉魁应该是取得了大多数债权人的谅解，接受其按三成比例部分偿还债务，但是债权人之一的杨时贤拒绝认可摊还计划，仍按债权原额提起诉讼，要求李玉魁全额还款，官府也予以支持。

3. 官方救济

对于合同纠纷非官方救济渠道是一方面，当非官方解决方式不能奏效时，合同当事人还是会诉诸官府，求助于官方救济渠道。但是官方的态度因人因时有别，能否顺利解决纠纷有时也是需要一点运气的。官府大体有如下几种反应：

（1）拒绝救济

在息讼思想指导下，官方很可能拒绝提供救济。例如巴县档案6-4-5800咸丰元年闰八月"本城唐天顺商贸不清告李有盛等一案"：唐天顺开杂粮铺，咸丰元年七月陈绍才、刘洪发引李有盛等来唐天顺铺里支钱四十钏，承诺唐天顺到他们镇里收杂粮抵偿。后来唐天顺果然收到了杂粮抵偿的货款。八月，李有盛等又来支款，由于此前收款顺利，唐天顺不疑有他，依旧凭陈绍才、刘洪发作为中间人，付给李有盛钱三十一钏。但是，闰八月初四日，当唐天顺仍像以前一样，前往收取杂粮抵款时，李有盛推延不给。唐天顺于是向巴县衙门控告李有盛等欠钱不还将自己殴伤。二十三日，官府查验证实李有盛仅有轻微伤，县令批示："伤甚轻微，着传谕自行凭证理讨，毋庸兴讼取累。"县令以伤情轻微为由，拒绝受理案件。实践中官府拒绝受理的理由是多种多样的，情节离奇不可信、金额微小等都可能成为官府拒绝受理的原因。

（2）推延裁判

尽管案件得到受理，但是诉讼过程中官府态度不积极，推延裁判可能也会令当事人难以及时得到救济。例如巴县档案 6-4-5826“本城袁长兴以欠货银估骗不给告金天元一案”：咸丰二年十二月二十一日，袁长兴喊控金老大当年二月买布，除已付款外下该布银一两四钱，屡讨不给。同日巴县庭讯中，开帽铺的金老大承认买袁长兴布一匹，下该一两四钱。但金老大声称袁长兴同铺张姓商人曾在金老大铺赊去货物，该钱七八千文。县令断令等张姓（据说回川北去了）来渝清算。卷终。此例涉案金额甚微，官府没有以此为由拒绝受理，但也不太积极，随便一句话就将案件推到一个无法确定的时间。官府暂时少了一桩麻烦，但此种情况显然不是当事人希望看到的结果。

（3）断还

诉请官府救济的买卖合同案件中最常见的莫过于欠账还钱，对于此类案件，断还估计最符合告状人的期待。巴县档案 6-3-4665 嘉庆十二年“本城正里二甲民戴涌盛具告饶长寿等强赊不给估骗等事一案”：戴涌盛开油坊，饶长寿父子欠戴涌盛油钱十二千文。十二年二月二十五日，戴涌盛控饶长寿父子欠账逞凶。三月二十二日庭讯，县令断令饶长寿酌限半月缴还十二千文。四月十六日，饶姓父子将欠款缴案给戴涌盛收领。断还最符合债权人的利益，不过断还的前提须是两造到堂，事实清楚。

（4）押追

官府断还，债务人自动缴案是很理想的状态，估计只适用于金额比较小的买卖纠纷。多数案件还是必须采取强制措施的。例如巴县档案 6-3-17077“杨柳坊余九思告（唐）义合等套买他炭发卖，他掣钱入手私将洞顶与别人（胡二叶），骗洞不给案”：咸丰十年二月，余九思买唐义合炭，约定每百斤价钱一百零五文，炭陆续交付，至炭尽为止。但收钱一百二十余串后，唐义合竟将炭洞顶给胡二叶。咸丰十年九月，余九思提起控告。十一年五月初四日唐义合诉称胡二叶承诺包还。官府讯断欠银由唐义合负责。七月十一日复讯将唐义合掌责锁押。

进入押追，有几种结果：押追中和解，押追还款或部分还款，押追无效。

巴县档案 6-3-4650 嘉庆十一年“本城民罗义利具告程绍贤伙谋掣骗等情一案”是押追和解的例子：程绍贤买罗义利棉花四十四包，欠银壹千五百二十四两。罗义利向巴县衙门控告。官府出票传唤，但未能将程绍贤唤到，于是转而将程绍贤的弟弟程绍洛管押。十一年二月二十八日，经街邻出面调解，程绍贤现还六百两，承诺腊月再还一百五十两，余下款项来年还清，案件息销。

押追部分/全部还款的例子如巴县档案 6-3-4736 嘉庆十五年“辜正榜为串骗买羊价银事喊禀简胡子一案”：简胡子是屠户，先后两次买辜正榜羊，共欠银四十七两，辜正榜控至官府。同案被告马儒林愿拿皮货给辜正榜抵账，辜正榜不肯。八月二十八日讯，县令断押缴。九月初三日，简胡子缴银十七两，县令批示下欠三日结清。十月初八日简胡子保释，承诺十日内缴清欠款。卷终。

押追不能完全达到目的，通常是因为部分还款后，官府就释放了被管押的债务人，当然也极可能是债务人的清偿能力决定了不可能短期内清偿债务。有时虽然官府认定债务人清偿没有问题，但也可能因为其他原因导致押追部分失效。例如巴县档案 6-4-5931“太平坊绍善元同陈亿发伙买桐油约期楚算，延缓奸推不与又告陈亿发案”：咸丰六年二月，陈亿发向绍善元（刘甫田）买桐油一万三千二百觔，陈亿发先期支付了一部分货款，绍善元也交了一部分货，双方约定在六月内履行完全部合同。但后来邵善元控陈亿发不肯收货，陈亿发诉绍善元拒绝交货。审讯证实应该绍善元承担违约责任，由他返还陈亿发多付的货款。在审理过程中绍善元并曾上控。案件执行过程中绍善元屡被比责，到十二月初四日，绍善元已缴银二百五十两，下欠四十三两七钱四分，被限五天缴纳，但他到期限服毒，县令认为他意在抵赖，将其枷号。不几日，差役禀报绍善元负枷患病，十二月三十日，县令只得同意将其取保释放。本案中债务人在部分偿还后，采取了“要钱没有，要命有一条”的决绝态度，官府无奈将其释放。

（5）责罚

也有的买卖纠纷案件后来被证实是诬告，当事人因此被官府处罚。例如巴县档案 6-4-5917“慈七甲张光荣禀白复玉与雇工挑米卖，被他人向雇赊米，未成口角打伤胡秀坤案”：咸丰六年五月十九日，张光荣到福寿场赶集。适逢白复玉的雇工张大汉挑米来场发卖，张光荣以九百六十文买米一斗。胡秀坤是张光荣的熟人，也向张大汉买米，但要求赊账，张大汉不同意。彼此口角并发生抓扭。胡秀坤向分县控告，又串通分县差役未经出票就要抓捕白复玉，白复玉上控府衙。胡秀坤又唆使张光荣到巴县告状，称被白复玉弟兄殴伤，致使巴县向江津县移文关传白复玉等到案。八月十九日，庭审真相大白，胡秀坤被打了板子，张光荣免于处罚。

二、委托合同

委托合同是指受托人为委托人办理委托事务，委托人支付约定报酬或不支付报酬的合同。委托合同纠纷的起因主要是受托人未能完成委托事务，或致委托人遭受损失。

巴县档案 6-3-9859“天津镇李升告付春生估买谷物事”：付春生于道光三年八月间经董万和、李大芳介绍向天津镇李家买谷七十五石，每石议价一两七钱，共银一百二十七两五钱，已付款。成交后付春生并未收谷，仍经董、李二人介绍，将所买稻谷转卖杨绍魁，不料杨绍魁得谷却只支付了五十两货款，后逃匿。付春生因见价银不清，且谷价上涨，再次向天津李家索谷，致使天津李家令家人李陞抱禀。巴县县令受案后，经审理认定董万和、李大芳二人妄自代人买卖，累由自取，押令二人缴还付春生谷价。杨绍魁在逃，待唤获后追缴。此例中董万和、李大芳受付春生之托，代其卖谷，是否有偿不详。结果买家逃债，县令断令在未追获买家之前由受托人代为赔偿委托人损失。

巴县档案 6-4-5793 咸丰元年“本城黄庆丰以代客买卖生理，告陈益顺掣去银拖骗不还案”，也是一例受托人造成委托人损失的案例。黄庆丰在渝城开设麻行，代客买卖，委托陈益顺买青麻，付银四百余两，没有收到青麻也未收到退款。陈益顺的说法是黄庆丰给本买卖，亏折本银三百八十两。此案黄庆丰于咸丰元年二月十二日具控，四月初七日，经方松茂等理处，陈益顺将三百八十两交还黄庆丰，案件息销。此例具体情况不甚明了，似委托又似借贷。如果从委托论，仍是受托方承担委托人损失。

巴县档案 6-4-5825 咸丰二年"本城廖在朝告袁兴盛套银办药材，理讨本利以假烟坭折算案"：这个案子和 5793 案有类似之处。廖在朝给袁兴盛三十八两本钱委托他采办药材，据廖在朝十月二十九日的控词，袁兴盛拿回来据说价值八十两的假烟坭，之后又串通胡大亡、王元等人来买烟坭，然后二人声称袁兴盛卖假，勒索钱二十钏，廖在朝不得已给了四钏钱才得以脱身。十一月初五日，官府出票传唤，无果卷终。此例如果原告所控属实，那已经不是单纯的受托人给委托人造成损失，而是存心诈骗了。

下面这个案子似委托又似合伙，巴县档案 6-4-5843"本城李体仁因设药铺立约领去本银估骗不给告熊万顺一案"：咸丰三年正月二十五日开药铺的李体仁喊控熊万顺，称咸丰二年二月初八日熊万顺说能办药材，立约领本二百二十七两购买药材，约定费用在红利中开销。结果熊万顺亏本不还欠账，逃外不归。巴县衙门受理喊控后同日庭讯将熊万顺押案，令熊老三回家赶拿簿据赴案并措办银两缴案。后熊万顺生病取保，不久病故。

大体而言，委托合同中，受托人的责任还是很大的，基本上以结果论，只要造成了委托人的损失，就有赔偿的义务，受托人并不能以意外或过失免除责任。

三、运输合同

由于工商业的繁荣，巴县的运输业尤其是船运业也是比较发达的，因此在巴县档案中我们也时常能看到与船运有关的运输合同纠纷。

其一是运费纠纷，比如不付运费或少付运费，例如巴县档案 6-4-5839 咸丰三年"景双盛为开染房生理，遭肆闹行凶，喊控周维山等一案"：景双盛是土主场人，开设染坊为生。八月十五日，景双盛和杨洪顺买了两包冻录皮（可能是染料的一种），在千厮门码头乘拨船（渡船），拨船船主周维山向他索要一百二十文船钱。景双盛认为渡船不用付钱（他可能觉得应该所雇大船帮给），因此在八月二十三日喊控县衙。经审理，县令支持周维山所说“小船拨载立有旧规”，认定景双盛无理，将其掌责。这里景双盛硬把有偿说成无偿，纯属赖账。

又例如，巴县档案6-3-17020“本城鲍泰顺与魏正兴因水脚银不清问题互控一案”。此案船户控客商该欠水脚银（运费），客商控船家盗卖货物。船户魏正兴禀称为客商鲍泰顺运布二十捆，议定每包水脚钱四千文，外加行江祀神钱十四千文，鲍泰顺应付魏正兴四百六十六千文。另外魏正兴用鲍泰顺风篷布六十六匹，买价每匹五百四十文，该鲍泰顺三十五千六百四十文。两项相抵，鲍泰顺还应给魏正兴四百三十串。腊月二十日，船抵朝天门，鲍泰顺起货入行，声称每包运费水脚钱二千四百文，总共只给水脚钱三百四十串，害魏正兴卖船还账。道光二十六年二月十七日，巴县庭讯。买船人尹兴发供称买魏正兴船一只，船价一百四十八千八百文，已付一百一十二串，下欠三十六千八百文，至于魏正兴是否该欠鲍泰顺钞文不清楚。中间人秦五证实魏正兴的确长用鲍泰顺水脚钞文，并说自己曾建议让魏正兴先还六十千文，下余立约，但鲍泰顺不允。鲍泰顺供称魏正兴盗卖条布六十六匹，又借钞七十四千文，共该九十六千零（此数计算方法不详，条布单价与魏正兴控状中的数据不符），讨要不给。最后巴县正堂按照中间人的调处意见，断令魏正兴先缴六十千文，余钞立约限期清偿。

其二是货运义务履行问题，例如巴县档案33-B嘉庆二十五年“本城民刘彩玉、刘聚丰、夏定耀、王太源喊禀康伦德、张子秀一案”：（此案与嘉庆二十一年一案原编号相重复，编辑者为便于区分，特改为33-B）刘彩玉、刘聚丰等是江西、湖广两省人氏，在成都贸易。嘉庆二十五年八月间刘彩玉等雇张子秀、康伦德船只各回原籍，议定水脚银（船资）二百八十两，全款付清，约定十月初间开船。十月初如期开行后，船至嘉定，有傅敏聪赶来追讨康伦德所欠船价，经该处客长林上鳌理说，刘彩玉等补出银八十八两八钱，康伦德等将船转卖刘彩玉由他们自行雇人推回原籍，刘彩玉等当场给过银三十八两八钱，下欠五十两约定到重庆府交给。但是船到重庆后，刘彩玉准备和傅敏聪结账开船回籍时，遭康伦德等阻挠。刘彩玉等无奈于十月二十二日控至官府，经讯，巴县县令断令将康伦德等责惩，傅敏聪让刘彩玉等价银五两结案。此案中船家收了船资却无法履行运输义务，官府支持了返还船资的解决方案（让客人补价买船等于是返还了原付船资。）

其三是货损赔偿问题，例如巴县档案 6-3-17013 “西水坊周金泰因装运涪州货物被淹，欺异匿吞抢捞箱各货物等情控告洪顺等一案”：周金泰是湖北人，在贵州思南开杂货店。道光三年七月周金泰来渝办货，八月初货已办齐，初十日雇朝天门船户李长儿船只装运。十三日起运，李长儿贪心多装其他货物，结果导致翻船。当时余狗、王家赶小船抢捞，码头小甲洪顺、梅德富承诺负责货物安全，但后来清点货物发现少了两箱，价值二百余两。八月十五日，周金泰向县衙控告。官府受理后于二十四日签发了传票，但此后无文。此案中周金泰与李长儿订有运输合同。按周金泰的说法，正是由于李长儿的过错导致货物损失，因此作为货主的周金泰要求作为承运人的李长儿赔偿损失，同时要求码头小甲承担连带责任。

上述各案有的缺少官府最终如何裁断的材料，不过从中我们还是可以大体查知官府在处理此类案件中的原则，即保护船户取得合理运费报酬的权利，同时也禁止船户侵占客商权利的行为，船户应对承揽运输的货物的安全承担责任，因船户过错导致的损害，船户负有赔偿义务。

四、租赁合同

租赁是支付租金取得物、业一定期限内使用权。租赁的标的物一般不会在使用过程中发生损耗。巴县档案中的租赁基本上属于不动产的租赁，即佃房和佃地。

佃房的情况相对比较单纯，所发生的纠纷多围绕租金产生，例如巴县档案 6-3-9855 “江北苏朋千以山货铺行佃人，告严集义等估骗租银不给一案”：道光三年九月初六日，苏朋千控称严集义佃房开山货行，年租金二百两，苏朋千应收其中三分之一。但严集义否认苏朋千是业主之一。此卷其他几件残缺不清。

对于租金纠纷，官府的态度很明确，保护出租人权益。巴县档案 6-3-4729 嘉庆十五年“本城民周文盛等具告孔义成等窝匿骗害等事一案”：孔义成佃周文盛铺房该欠佃银。孔义成躲债，遗幼徒尚元在铺，后又将尚元藏匿，试图敲诈周文盛。十五年五月二十八日，周文盛等向巴县衙门提起控告。六月初一日，街邻萧泰昌、钟如意等具禀支持原告。六月二十日，孔义成诉称周文盛诱使尚元饮酒，且已经捕府讯断认定周文盛该银十五两二钱。六月二十八日，巴县集讯，将孔义成押候。八月初一日，案件息销，孔义成搬走并清还各账。

和佃房比起来，佃地的情况相对复杂一些，因为租户会在所租地基上建房盖屋。一旦发生租赁纠纷，处理起来还要涉及租户所加盖的房屋，例如下面这个案件，巴县档案 6-3-9817“忠里四甲张还远以佃他地基开设纸厂、田耕种，遭他奸刁异常，串棍私将其厂盗卖，家具估搬一空具告喻国辅等一案”：嘉庆二十二年，张怀远佃喻国辅等地基开设漕房纸厂，议定每年给喻国辅烧酒十斤；每作糟子，一半以作地租。张怀远借债三百余两，修造漕房纸厂坐房仓房十八间。二十四年又出银一百五十两另佃喻国辅农田耕种，立有合约。道光元年八月，喻国辅以“恶佃骗踞”向前任李县令提出控告，称张怀远该欠地租九十石，租谷八石五斗，烧酒一千斤，并称曾为张怀远代垫银两。案件经过审理，官府认定喻国辅所述多不实，为免纠纷，县令断令张怀远将所耕田地还给喻国辅，喻国辅返还押佃银一百五十两。至于漕房纸厂则自二十五年算起任张怀远开设二十年止限满。不料，道光二年七月，喻国辅将漕房纸厂盗卖与赵应鳌。张怀远请求卢巨川等调处，但喻国辅不听理处。因此张怀远于道光二年九月初四日提出控告。十月二十七日庭讯，正堂王县令指示待传原佃主到案并查明漕房家具去向再行复讯。十一月快头卢顺开呈家具清单，查明漕房、纸厂家具的确在喻国辅兄长喻天顺家中。此案中，开漕房的张怀远租赁喻国辅的地基，约定以实物形式缴纳租金。张怀远在该地基上盖了若干间厂房仓库。张怀远还另外佃种了喻国辅的田地。后来双方发生纠纷，也或许是喻国辅希望增加租金而张怀远不同意。官府断令终止佃种合约，但漕房因为是张怀远投资兴建，则允许张怀远继续使用若干年。案卷中未提及张怀远与喻国辅就漕房地基是否签署有永佃协议，但从官府判决看，租户的改良投入是受到官府保护的。而不涉及建筑物添附的佃种合约，双方就续租租金协商不成则可随时解除。

五、借贷合同

此处借贷指金钱的借贷，即贷款人将资金交付借款人，借款人承诺在一定期限内归还本金并支付利息。从巴县档案中有关借贷纠纷的案卷中，我们可以对清代借贷的各个环节有一个初步的了解。

1. 借贷利息

《大清律例》“违禁取利”条规定：“凡私放钱债及典当财物每月取利并不得过三分，年月虽多不过一本一利，违者笞四十，以余利计赃重［于笞四十］者坐赃论罪，杖一百。”① 可见按照官方的规定，资金借贷的最高月息不得超过三分，即百分之三。从巴县档案中，我们的确没有看到超过这一利息水平的借贷事例。

例如，巴县档案6-3-4729“本城民周文盛等具告孔义成等窝匿骗害等事一案”中除了周文盛等具控孔义成佃周文盛铺房该欠佃银一事外还夹杂有一桩借款纠纷：嘉庆十四年腊月由王含初等担保，开铺的孔义成借职员邱正昌银一百两，约定一分五厘计息，限十五年二月还清，但孔义成未按期归还。嘉庆十五年七月初二日，邱正昌具控，八月二十四日，巴县衙门庭讯，邱正昌未到，抱告曾曙东到案，经讯欠款属实，被告孔义成被管押，十二月二十日，取保释放。卷终。此案中孔义成向邱正昌借款，约定利率为月利一分五厘，是法定最高利率的一半。

另一例巴县档案6-3-9854“太平坊董世远因置货缺用拨借银借约交过，屡讨不还，控告王在先等一案”：道光三年九月初四日，董世远具控称在鱼市开铺营生。嘉庆二十三年冷水垭富户李文元因

① 《大清律例》卷十四，户律·钱债，田涛、郑秦点校：《大清律例》，法律出版社1999年版，第263页。

欠缺购货款向董世远借银三十两，约定月利一分半，立有借券。但董世远连年取讨，李文元一直不给。本月初二日董世远再次前往讨债被李文元殴伤。县令接状后批示验伤，九月十六日，差役禀报称没有在董世远身上发现伤痕。十月初三日，李文元具呈诉状称董世远诬告。十一月初十日，董世远呈催，卷终。这个事例中借贷双方约定的利率也是月利一分半。

2. 借款担保

我们看到巴县档案中的资金借贷一般为信用借款，借贷双方多系熟人。不过提供担保的情况也存在，例如前述巴县档案 6-3-4729，卷中王含初担保孔义成向邱正昌借款。巴县档案 22 嘉庆十九年“本城正里三甲民左其昌具告徐文安等支骗祸迫等情一案”中左其昌和徐文安是邻居，同在铜梁县开篾厂，后二人的厂子分别交段德玉和刘朝福经管。十九年八月二十四日，左其昌控称徐文安所请管账之刘朝福以篾二捆为质，向段德玉抵借钱八百六十文，称徐文安会来还钱取篾。但徐文安不还钱反索篾还支使寡母到左家轻生闹事。县令批示：“仰地邻查明”，卷终。这个案例中出现了用货物（篾二捆）作为担保借款的情况。不过从孔义成一案的审理情况看，在债务人到案的情况下，官府并未追究保证人的保证责任①。

3. 特殊借贷

一般的借贷大体上一者为借，一者为贷，不过也有一种特殊的借贷，借款方有多人，贷款方也有多人。例如巴县档案 6-3-6453

① 直隶省清远县保证债务有两种习惯：（一）保证人不负完全偿还之责；（二）保证人须负完全偿还之责。对于前者，保人在债务人未能偿还债务时只有督促之责；对于后者，借约中书明保人有代保代还之责。山东省蒙阴县也有类似习惯“普通作保，其责任以担保贷款之人为止。若卷上载承还保人某某字样，债务人至期不能清偿，该承还保人应完全负偿还之责。”参见前南京国民政府司法行政部编，胡旭晟、夏新华、李交发点校：《民事习惯调查报告录》下册，中国政法大学出版社 2000 年版，第 436、470 页。

涉及银会①这种特殊的借贷。道光七年王元俸受王明柄之邀，参加一个一百两的银会，即每人定期出一笔银子，凑成百两，入会的人轮流取得这一百两。道光八年九月轮到王元俸接二会，王明柄同其他会众应给王元俸银一百两。道光十年十月二十七日，王元俸控称王明柄仅给六十两，余四十两由王明柄立约借转，本年九月初王明柄到家，王元俸将借约拿出来清账，被王明柄偷将四十两借约换成十三两三钱欠票。十月二十五日，王元俸凭众向王明柄讨要欠款，反遭殴打。县令批示："姑候验明核夺。"十一月十二日，差役验伤，王元俸无伤，票销。

此案中王元俸要求支付银会款项的诉求官府本拟受理，但由于验伤结论不能印证原告的指控，撤销了案件。清代民众为提高案件受理的概率，常在钱债纠纷中夹以殴伤的指控。但指控殴伤也有负面效应，即弄巧成拙，一旦验无伤痕，起诉会被驳回。王元俸是否诬告不得而知，可以确认的是本例中的银会这一类特殊借贷起着在普通民众中融通资金的作用，具有明显的互助自治性质。

4. 债务追偿

欠债还钱天经地义，但总有不能或不愿主动履行清偿义务的债

---

① 《民事习惯调查报告录》称："凡贫人需钱使用，或欲营某种事业，邀集钱会以代借贷，各地均有此项习惯，惟会名、人数及出钱之计算方法，各地或不尽同。五峰邀会习惯，由起会人邀集相契十人，设席起会，命曰缩截半钱会，其法由所邀十人共同出资，凑给起会人使用，而起会人则各给会单一纸，分交所邀之十人收执。例如，起会钱百串，头会人应出十四串五百文，二会人至末会人挨次递减一串，合共凑成一百串文，交与起会人收用；至第二年，复邀集原人到场，又由起会人与二会至末会人共同凑钱一百串，改归头会人收用；至第三年，仍依样由起会人、头会人及三会至末会人凑钱百串，改归二会人收用；从第四年起，则由起会人及头、二会人共还三会至末会人钱各五十串，限定十月一轮，或对年一轮，挨次还清……"巴县档案中的银会究竟如何操作，没有详细的资料，不过五峰地处湖北，湖北毗邻四川，或许办法一样也未可知。参见前南京国民政府司法行政部编，胡旭晟、夏新华、李交发点校：《民事习惯调查报告录》下册，中国政法大学出版社2000年版，第648页。

务人。一旦发生纠纷，债权人索偿不得，也有很多人选择诉诸官府的。

这类案件当然也属于民间细故的范畴，官府并不总是乐于受理，不过民众也有办法，就是夸大情节，增加受理机会，这种情况前面亦有述及。类似事例还有一些，例如巴县档案 6-3-9828“节里五甲杨丰国因开□场铺生理，并有樊富顺等立约借银本利不还，反下恶心毁坏家具入室寻屠行凶等一案”，道光三年二月二十八日杨丰国控：“道光元年钟应坤借银五十两，本利不还，取讨支吾。本月二十六日往讨，遭钟应坤契友樊富顺（樊霸王）从旁凶辱，并于当晚至家行凶。”县令批示：“尔向钟应坤讨取借项，与樊富顺事无干涉，何至平空向尔凶毁滋事，其中显系另有别情，姑候差唤察讯。”卷终。这个案子中债务人控称要债被第三人凶殴，县令认为事与他人无干，原告的陈述颇有不合情理之处，不过还是勉强受理了案件。

案件一旦受理，从前面的案例可知，官府基本上是支持欠债还钱的，所以巴县档案 6-3-4729 中的孔义成欠款未偿，被管押追债。不过这一原则有时候也会打点折扣。例如巴县档案 6-4-5932“直一甲王泰来以铜铺伍福拨用款项后病故，他铺内伍毛子等不认退事具控一案”：咸丰六年四月间开铜铺的伍福带刘永发、童大仕、朱泰顺、姜长生等在开漕房的王泰来店里前后借钱三十钏。七月份，伍福病故，王泰来讨账无果具控。巴县衙门审理认定伍福欠王泰来十二两零，刘永发等欠伍福十五千零，县令处断念刘氏孀寡子幼，令刘永发等还王泰来八串，余下七串给伍刘氏（伍福妻），其余王泰来义让。九月初五日各方具结结案。本案中伍福和刘永发本来一共欠王泰来约二十七千钱，但由于伍福病故留下寡妇幼子，县令不仅要求王泰来免除了伍福的债务，还断令王泰来将刘永发偿还的款项给七串资助伍福的寡妻。

或许是缘于资料的局限性，也或许是由于巴县工商业繁荣的地域特征，在笔者看到的巴县借贷案件中，借贷行为多发生于工商业者之间，目的也以维持经营居多，金额则多寡不一。曾有学者认为传统中国社会的借贷行为只是一种生存借贷①，即借贷的目的是为渡过生活上的难关而非为追逐利润的生产经营进行借贷，不过从巴县档案的事例看，为经营的借贷也时有发生②，生存借贷的结论并不完全适用。

传统社会中契约的重要性如日本学者寺田浩明所言，其与法律同等重要，构成了法秩序另一个不可或缺的侧面，一般民众的大部分日常生活或日常社会关系都依靠这些相互性的契约来支撑，契约关系构成了这一时期法秩序的实体部分。③ 一般民众如此，工商业者的世界中合同或者说契约显然有着更为重要的地位。买卖、委托、运输、租赁、借贷是巴县档案中几类常见合同纠纷，尽管清代的合同与现当代的合同有相当大的区别。但是我们可以看到一些现代合同法的基本理念在清人的观念却也以一种原始和直观的方式存在着。比如官府给予救济的合同均是出于当事人真实意思并且有相应对价。当然清人对合同纠纷的救济形式相对要单纯不少，即一般仅限于继续履行和赔偿损失。不过官府虽然只给予最基本的救济，也对前工业社会契约精神的维系提供了重要的支持。

---

① 黄宗智：《法典、习俗与司法实践：清代与民国的比较》，上海书店出版社 2007 年版，第 50 页。

② 山东海阳县习惯："商人相互间之借贷，其利至多不得逾一分；非商人相互间之借贷，不得逾三分；非商人向商人告贷，以二分为最多。"这条习惯里中提到商人和非商人借贷在利率上是有区别的，似乎可以说明商人间的借贷颇为常见。参见前南京国民政府司法行政部编，胡旭晟、夏新华、李交发点校《民事习惯调查报告录》下册，中国政法大学出版社 2000 年版，第 469 页。

③ ［日］寺田浩明：《明清时期法秩序中的"约"的性质》，载王亚新、梁治平编：《明清时期的民事审判与民间契约》，法律出版社 1998 年版，第 140~141 页。

第七章　经营权纠纷

经营权是和所有权相对而言的权利，所有权是全部权利的总和，占有、使用、处分、收益各种权能皆包含其中。经营权相对而言是不完整的权利，权利人或是不能自由处分，或是并无完整的收益权。清代巴县档案中涉及的经营权主要是两类：一类是矿山的经营权，即对矿山的一定时期或条件下的占有、使用、收益的权利；一类是脚力行生意的经营权，即为某一行栈提供运输、装卸服务的经营权。经营权纠纷则涵盖经营权原始取得、转让、继承、经营权收回等各个环节。

一、经营权的初次取得

经营权的初次取得通常有两种途径：要么是经营权与所有权的分离，即经营者从所有人处购得经营权；要么是客户对业务进行分离，经营者从客户处取得经营权。

矿山经营是巴县档案中常见的一类经营权，通常是采矿人从矿山所有者手中购得。矿山经营权的创设实际上是一种资源的优化配置，矿山主有资源但无力或不愿投入大量资金进行开采，通过矿山经营权的设立，业主可以收取一笔可观的租金，开采者得以开采谋利，闲置的矿山资源得到有效利用。

巴县档案 6-3-17027“智里六甲徐相唐、郑仕贵因伙开挖煤，不同铁矿佃开挖贪害互控案”：嘉庆二十五年郑仕贵佃徐相唐地开挖煤矿价银七十五两，约定炭尽还山。后徐相唐另将铁矿佃与龚恒泰开挖。道光二年闰三月十八日，徐相唐禀控郑仕贵不容龚恒泰运矿。四月初五日郑仕贵反控徐相唐贪利另将铁矿佃与龚恒泰，徐相唐不肯另开洞口，龚恒泰运铁须从郑仕贵等煤洞进出，以致阻碍挖煤。六月二十日，巴县庭讯，县令裁断徐相唐矿洞已卖郑仕贵，不得将相邻处再佃他人开挖。断令将龚恒泰后开矿洞封闭，郑仕贵等正常开挖。此例中郑仕贵、龚恒泰均是从业主徐相唐处购得矿山开采权。

巴县档案6-3-17045“正里三甲万裕三以估来佃业内霸挖煤炭控罗学浩等互控一案”同样涉及矿山租赁也即经营权的购买。嘉庆二十一年，僧住兴以三百五十两银的价格将山佃与万裕三挖煤。期限二十年。道光六年十月二十日，万裕三发现矿山被罗学浩盗挖。十月二十八日万裕三具控。十一月初七日，罗学浩诉称嘉庆十五年陈仕隆将佃自僧大方之炭山按五十两银价格转给自己开挖，十七年，僧大方称佃约到期，并按每年山租钱五千二百文与罗学浩另立佃约。十一月初七日，巴县衙门庭讯，官府认定僧住兴（继大方为山主者）一业两佃，县令将僧住兴掌责，令其指明山界，让万、罗二人各自开挖。这个案例中万裕三从僧住兴手上以三百五十两银子的价钱佃得矿山一处，实际上是用三百五十两购得二十年矿山经营权。而陈仕隆将从僧大方手上佃得的炭山转让给罗学浩炭山的转租也即是经营权的转售。

上述两案均是采矿人从矿山主人处取得经营权的实例，下面这起案例涉及脚力行经营权的取得。与矿山经营权不同，脚力行经营权不是资源整合的结果，它所确立的是商户与服务商之间的一种固定合作关系。这种合作客观来说不利于自由竞争，但这种合作关系减少了双方的交易成本，可能也是其广泛存在的原因。

巴县档案6-4-5790咸丰元年二月“本城谭瑞龙告谭艳照等蓦卖生意银两不清一案”：咸丰元年二月初九日谭瑞龙具控，告谭艳照盗卖自己父亲谭兆祥有份的同泰麻行脚力生意，县令没有立即受理，批示凭中证族众理处。二月二十日，原告再呈，官府受理（谭瑞龙称：“族众再三理说，艳照仗秀棠为符，欺蚁忠朴，横恶莫何”）。同日谭艳照具诉称父亲谭克和遗下天佑麻行脚力生意一股，谭克和得病顶与谭兴和。道光三十年三月，谭克和身故转顶给谭桂林。谭瑞龙系因借银不遂受谭伦英唆使兴讼。三月二十日巴县廷讯，查实嘉庆年间谭瑞龙父自谭克和处以八十五两银顶得生意，但后来已经摘顶给谭伦英，再后来被谭克和赎回，谭瑞龙以废约（即嘉庆十七年正月十二日，谭载锡、谭克和、谭兆祥（瑞龙父）轮做生意的分关，见证人族祖行内伙计克华、永禄等十七人和嘉庆二十年三月二十八日谭克和生意顶给谭兆祥的合约，见证人家族叔谭显明等七人）诬告谭艳照盗卖自己父亲有份的麻行脚力生意，被掌责。

此案中所附包承约（即本案所争一股脚力生意的来源）披露了脚力行生意经营权的取得过程：

> 立出包承经理客货脚力约人：谭绳祖、谭克和、谭兆华、谭荣芳、谭克秀、谭履成、谭绳武等。今凭证人，我等七人经理承管朝人坊过街楼□下徐三元麻行名下出入起上运下一切客货等项，当交押扛镜面银每人名下四十五两七钱一分半，合共成三百二十两正。从此承领经管，之后我等合心竭力，恪守行规，谨遵行东及柜上各管事人等均听呼唤，早夜出入因有行事亦宜接送，我等均不得执拗。如有窃拐银钱，走漏客货，我等七人是问，公赔并将窃拐及走漏之人听从行东驱逐，自将乙名下押扛银两承领搬出，不得把持异言生非。诚恐日久人心复变，特立出此包承经管脚力字约给与行东徐三元存照。
>
> 道光四年甲申五月二十四日

约中揭示脚力生意取得需行东认可，并缴纳压杠银（保证金）若干，承诺恪守行规。如承包人因违规被驱逐，可领回押杠银两。

从上述事例可知，经营权的最初取得不同于所有权的原始取得，不存在先占、拾得这样的真正“原始”的取得方式，经营权取得一般需要支付一定对价，因为经营权通常只是派生的权利。

二、经营权有偿转移

经营权有偿转移包括转售、租赁、转租、典当等，都是他人支付一定对价从原来权利人处取得经营权的行为。

经营权转售的例子如巴县档案 6-3-17069，此卷中只有一纸结状，具结状人是杨名富。道光十一年二月，杨名富告王富週及杨名贵等霸揹其故祖遗留打造篾包半股生意。二月二十三日，经街邻李文才等理处，杨名富将生意半股折合六十文卖给杨名贵（杨名富堂兄），条件是祖母白氏随杨名贵供养。此例中杨名富将打造篾包半股生意以六十文卖给堂兄杨名贵，即是经营权的转售。经营权转售意味着权利永久性的转移。

经营权租赁的事例，例如巴县档案 6-3-7088 “本城廉里五甲孀妇陈王氏具首陈金义逆霸持刀等事一案”：陈王氏已故丈夫遗留下脚力行生意，侄儿陈金义、陈金武兄弟曾为陈王氏代垫若干账项，陈王氏委托（或默认）二人相继管理脚力行。陈王氏称陈金武经管脚力行的半年间，只给了自己两千五百文，不敷用度。陈王氏因此诉至官府。嘉庆十六年八月，巴县县令裁断脚力行生意归陈王氏经理，陈王氏偿还陈金武代还款一百余两。但陈王氏无钱，因此经亲族调停，与陈金武达成协议，脚力行生意仍由陈金武经管，一月两分两算。（嘉庆十八年二人又起纠纷，县府仍断还银）此例中陈王氏的脚力行生意本来大概是交给两个侄儿代管，但是两个人付给陈王氏的收益显然太少，以致引起陈王氏的不满，但是陈王氏又没有足够本钱自己经营，所以最后还是交给侄儿打理，不过这次陈王氏吃一堑长一智，与侄儿陈金武明确约定了租金收益。

巴县档案 6-3-17022 “孝里三甲胡舒氏告刘元润私将药行脚力生意出当别人一案” 是一起经营权转租的实例。道光三十年六月初十日，胡舒氏将六十两当得的宏昇药行脚力生意佃与刘元润，约定每年收银九两。但刘元润又将生意转佃谭姓，致使胡舒氏佃租无着提起控告。道光三十年六月二十九日，巴县县令经过审理断令将刘元润锁押，令其五日内交还脚力生意并偿还借项十五两七钱五分。七月初二日复讯，刘元润取保，返还脚力生意并借项银两。谭姓因串佃被掌责。此案中胡舒氏将脚力行生意按年租给刘元润，刘元润又将生意转租给谭姓，从最后判决看，未经经营权所有人许可的转租行为是无效的。

经营权出典类似于不动产典卖，典权人取得使用收益权，但出典人有权到期回赎。经营权出典例如巴县档案 6-4-5898 咸丰五年九月“仁和坊贺克顺告李洪明霸占生意一股估占不还案”：九月十日贺克顺控称拥有祖传洪远、仁远两行脚力生意，道光二十九年以银六十三两租借仁远行脚力生意给李洪明，约期五年回赎。贺克顺随即回籍省亲。之后洪远行停贸，仁远行遭火灾损毁。不久洪远重开，仁远也随之复开，两行脚力生意都被李洪明借租强占。九月十九日李洪明喊称贺克顺将三牌坊仁远脚力生意典给自己，顶银六十八两，约期八年（不是五年）回赎，后仁远行被火，行主迁移四牌坊开设，生意由李洪明承做。不久行主又于三牌坊原址开设洪远行。贺克顺不顾赎期未至，也不管新行于己无关，想要占有两行生意。同日庭讯后县令谕令被告李洪明邀集会首、原中、街邻等到案复讯，张清坛等具禀双方从前过节，县令批示：“仰即妥为理楚，具覆完案，毋任延讼。”十一月初九日，奉命理处的张清坛等回复称李洪明愿意让贺克顺赎回三牌坊生意；至于四牌坊生意，李洪明认为系新地，且立有合约，贺克顺应该无份，但贺克顺不从。县令批示候复讯。但复讯情况卷中不详。不过大体可以推测出整个事件原委，想必是行主原来在三牌坊开行，脚力生意由贺克顺承做，失火后，行主搬迁至四牌坊重新开业，脚力生意直接交给了李洪明等人，后来三牌坊行址重开，这样就有了两处行栈，贺克顺认为两处行址实为一体，因此自己无疑有这两处的脚力生意经营权。而李洪明则认为四牌坊是一新行，与三牌坊的旧行不相干，李洪明四牌坊脚力生意经营权直接从行主处取得，与贺克顺无关，故此只愿意让贺克顺赎回三牌坊脚力生意。

另一例经营权出典的事例，巴县档案 6-3-6155“太平坊谭春华因将脚力生意五股顶打与谭本忠，价银数两，约注五年赎，后谭物故将生意转谭本兹，待限满后屡次榨取钱财等一案”：谭春华嘉庆二十五年将脚力生意五股以一百一十两的价格顶给谭本忠，约定五年回赎。谭本忠去世后生意由其堂弟谭本诚、谭本兹、谭本善等经营。嘉庆五年，谭春华因五年到期，要求赎取脚力生意，谭本兹等称约上系六年回赎，并未到期。谭春华提出控告，时任巴县正堂王县令断令准予回赎，但一直未执行。谭春华因此于道光六年六月初八日再次具控。六月十二日巴县庭讯，讯明谭本兹等将谭春华原约涂改成六年回赎，又伪造一当约向道姑尹和贞抵借银二十两。刘县令断令谭春华十六日缴银一百一十两，回赎顶约；谭本忠妻谭田氏偿还尹和贞本利共计二十五两。其间另一利害相关人刘俊明禀称：道光二年正月谭本忠将广聚行脚力生意顶约一张押借刘俊明钱十八千、借刘俊明堂弟刘开文母养赡钱二十千，同年五月又求刘俊明担保借陈宗和钱十千文，至今共该本利九十余千。嘉庆三年五月谭本忠故后堂弟谭本诚、谭本兹、谭本善等接做，谭本兹等卡措谭春华脚力生意不赎，同时骗占刘俊明钱款不还。县令批示让刘俊明六月十六日也来案听讯。这个案例中谭春华将脚力生意五股以一百一十两的价格典给谭本忠，约定五年回赎。案卷中尽管声称系顶打，但符合出典的惯例，应可界定为经营权出典。

三、经营权继承

除有偿转移外，经营权还可能发生无偿转移，其中最可能的是继承。

巴县档案 6-3-4625“嘉庆八年本城民谭廷贤具告胡作珩等霸占协豫行不还”涉及经营权的继承。嘉庆八年九月十二日，谭廷贤具控，称堂兄谭廷伟遗有太平门外协豫行脚力生意一股，谭廷伟无后，同族公议由族侄谭振扬、谭振华轮做，谭振扬故后被妻父胡作珩霸占。十七日，谭振杨妻谭胡氏具诉称脚力行生意是故夫遗业，弟弟胡仲壁在丈夫在世时就在行内帮忙。谭廷贤同侄儿谭振华意图霸占。十月十二日，官府廷讯，县令批示委托湖广客总议禀。十月二十七日，湖广客总李成才禀复称脚力行生意的确是谭振华、谭振杨二人共同继承的伯父所遗产业，后谭振华回籍，谭振杨身故，谭胡氏的亲族在行经管。现在谭振华来渝，该生意应谭振华与谭胡氏同等有份。两造均无异议。此案中谭廷伟拥有协豫行脚力生意一股，谭廷伟死后因无子承嗣，此脚力生意经营权由两个侄儿谭振华、谭振杨继承。谭振杨身故，寡妻谭胡氏承夫分。

经营权继承另一例，巴县档案 6-4-5809 咸丰二年“夏徐氏具禀屡借氏子银钱，称□氏学徒故后，仲妻私抱乾子为子图占生意，凶伤情告章杨氏一案”：辛文沛在渝城做地沙锡灰炉房生意，招夏万顺为徒，言明生养死葬。辛文沛身故，夏万顺接做烧锡生意，辛文沛寡妻杨氏抱干儿子李文光为子。咸丰二年三月，辛杨氏去夏万顺家讨要烧锡生意余利，夏万顺不在，辛杨氏与夏万顺之母夏徐氏发生口角。二十四日，夏徐氏向巴县衙门喊控。经讯，县令断令夏万顺给辛杨氏二十四两作为生养死葬之资，烧锡生意归夏万顺独做。洗金生意让李文光顶认。此例中烧锡洗金生意的经营权不同于矿山或脚力行，应该主要是一种基于手艺传承的经营权，是手艺人世代约定俗成的一种经营范围的划分。这种经营权实践中一般也是父子相传的，本例中辛文沛无子，手艺本来预定传给徒弟夏万顺，但是辛文沛的寡妻收养了义子，故此法庭裁定徒弟和义子各继承一部分。

四、经营权收回

前述经营权的有偿转让与无偿继承中，我们看到经营权在一定程度上是一种独立的权利，可以由权利人自行收益和转让。然而经营权不是所有权，经营权所有人的处分权、收益权都受制于上位的权源，这就产生了经营权被收回的问题。巴县档案中经营权收回有两种情形，一种是被所有人收回，一种是被出让人收回。

所有人收回经营权的情形，例如巴县档案 6-3-7106“本城孝里六甲赵大钦、赵大富赌赵应甫等藐断翻控等事一案”：乾隆四十九年，赵彤山佃桑大德矿山，约定每出铁一炉赵彤山给桑大德佃钱四百五十文。嘉庆七年，赵彤山病故，其子赵大富因折本停工。嘉庆十二年正月桑大德向赵大富说明已自行开挖，并将铁矿一万二千斤卖给了赵应甫，价银十五两六钱。赵大富疑心桑大德意图另佃，二月份诉至官府。官府经审理允许赵大富续佃一年。但赵大富无本开挖，将矿山转佃赵应甫，桑大德不服，上控重庆府和按察司，府司将案件批发下县。八月初四日，巴县复讯，这回赵大富同意退佃，让桑大德自挖。此例中赵彤山以按出铁产量的一定比例支付租金的形式取得矿山开采权，但赵彤山死后，其子赵大富折本停工，后因无本转租，所有权人桑大德诉诸官府收回了开采权。

另一例巴县档案 6-3-7114 嘉庆十五年“本城孝三甲民许宗耀具告夏洪顺估骗复霸等事一案”：嘉庆十五年七月十四日，许宗耀告状称嘉庆十年三月夏洪顺、许成高佃其两处矿洞，交押佃钱四千文，约定佃租二千七百文，按月给付；若未付听从另佃。但次年二月，夏洪顺弃洞潜逃，只余许成高一人开厂，勉强维持。延至五月，许成高拆毁炭厂，弃洞不挖。许宗耀因此将矿洞闭塞四年。现在夏洪顺回来指责许宗耀霸洞估挖。许宗耀称即使将押佃钱全部没收，夏洪顺还该租钱八千一百文估骗不给。这些是许宗耀讲述的故事。十五年七月二十八日夏洪顺的诉状则描述了另一个故事：嘉庆九年及十年夏洪顺用银六两四钱、钱二十钏顶得汪文献、尹大顺佃给许成立的煤洞二口、通风四口开挖煤炭，议明押山钱四千文，每月佃租均已付清。夏洪顺在矿山修建了土药草房三间，费银二十余两。第二年，夏洪顺因有事前往湖北，停工未挖，雇许成立堂弟许成高看守洞口、房屋。许成立亡故，其子许宗耀将夏洪顺所造房屋拆毁并将洞口封筑，家具什物概行搬走。夏洪顺回来后染病未及开挖，准备开挖时发现所造房屋已被拆毁，洞口也被封堵。夏洪顺于是呈控捕宪，经差唤集讯，捕司断令许宗耀还钱四千文。夏洪顺抗不遵缴，于本月十四日以估骗复霸向巴县呈控。七月二十八日廷讯中许宗耀指责夏洪顺四年不挖；夏洪顺则辩称离乡时以二千七百文（原佃每年佃租四千文）转佃给许宗耀，现在想接着开挖许宗耀不让。经讯夏洪顺并无欠租事实，县令断令许宗耀返还夏洪顺一千三百文，收回矿山。

所有者收回矿山开采权的事例不为罕见，巴县档案 33-A 嘉庆二十一年（与嘉庆二十五年一案原编号重复改）“本城仁里九甲刘清远具告夏三重等诈领霸扰事等一案”也是一例。刘泽恭业内有曾经开挖过煤炭的旧洞。嘉庆十七年，陈玉怀承佃复行开挖，议明每月佃钱一千文。不久刘泽恭物故。十八年，陈玉怀骗租不给，私行逃走。嘉庆二十一年八月，刘泽恭之父刘清远自筹资金，请工照旧开挖，雇有曾大明在厂照理。九月二十九日，夏三重同丁耀成以“恶棍霸挖事”控刘泽恭弟弟刘泽宽（刘老五）在案。十月二十三日巴县衙门庭讯，夏三重称陈玉怀已将煤洞以三十四两银子的价格顶给了自己。刘泽宽向官府请求添唤陈玉怀，但差役报告说陈玉怀不是巴县人，未能唤到。十月二十八日，此案讯结，县令断令刘清远等支付夏三重顶价一半银十七两，煤洞归刘姓开挖。与前案不同的是，由于原承佃人传唤不到，所有权人被判部分承担最后承佃人的损失。

前面几例均是经营者不经营或转佃他人，所有者收回经营权的事例。下面一例则是受让经营权的经营者发生重大变故，不适于继续经营的情况下，经营权的出让人收回经营权。巴县档案 31-B 嘉庆二十三年（此卷与嘉庆二十一年一案原编号同，此编号系整理者改）“本城民彭光贤、彭正英具告彭龙云抬价措赎等情一案”：彭光贤祖上家仆彭辅章在千厮门挣有天和花行（今改谦顺、致和两行）脚力生意，彭辅章身故后由彭德恒、彭德裕承做。乾隆五十年二人以三十六千的价格将谦顺行顶给彭龙云，嘉庆十五年又将致和行生意加当银十六两一并顶给了彭龙云。嗣后谦顺、致和行分出复太、利川、万宗三栈。嘉庆二十三年，彭龙云计划回籍，照惯例所顶行栈应该业还原主，宗族理议八十两回赎，彭龙云要价一百六十两。因此彭光贤等（系彭德恒、彭德裕堂弟）于六月初九日提起诉讼称彭龙云高价措赎。此案六月二十日庭讯，县令断令彭光贤等按原价赎回谦顺行（利川），复太、万宗二栈仍归彭龙云经管。二十二日因彭龙云不遵原断，称复太、利川均系新生意，县令改断加价十五千，利川、复太均归彭光贤等经理，致和行仍归彭龙云（彭龙云结状称致和是自己名下新开生意，似与查复报告不同）。此案中彭龙云从彭德恒、彭德裕手中购得脚力行生意经营权，但若干年后，彭龙云计划回籍，按当时惯例，应该让原主赎回。因双方无法就回赎价格达成一致诉诸官府。至于彭龙云自己原始取得的经营权则不受影响。

经营权的取得通常需要支付一定对价，因此没有明确期限的经营权的收回，往往需要具备一定条件，或是经营者有某种过错，或是经营方的客观情况发生了重大变化，非如此，所有者或出让人不能无故要求收回经营权。许可所有权人在一定条件下收回经营权，在官府的判断中，基本的倾向是有利于资源的利用，若取得开采权人任矿山闲置，所有权人常可主张收回权利。而在脚力行经营权收回的事例中，经营者移居，经营权赎回的惯例无疑也有这方面的考量。

经营权的出现是工商经济发展到一定程度的产物，它的出现或是促进了资源的优化配置，或是减少了市场交易成本，客观地说都有一定合理性。但是清代的经营权并不是完全独立的权利，它的流转还是有不少限制的，比如不经所有人同意可能无法转让他人，所有者在一定条件下可以主张收回经营权等。这些说明清代的经营权离近现代完全独立的权利还是有一定距离的。

第八章 侵权纠纷

所谓侵权，原本既包括对人身的侵害，也包括对财产的侵害；既包括日常生活中的侵权行为也包括商事行为中的侵权，基于本书的主题，只考虑商事活动中的侵权。这一类侵权行为不仅是对他人权益的侵犯，而且也是对正常工商业秩序的损害。

一、侵权的种类

巴县档案中侵权行为种类颇多，按侵权行为所侵犯之客体分类，大体而言，有以下几类：

1. 侵占产业

即侵越他人业界，指对不动产的非法占有。例如巴县档案 6-3-7139 “本城民庞德贵等被禀称棍佃捏搪等事一案”，该案现存卷宗不全，但仍可以看出是一起煤洞越界之争。

又如巴县档案 6-3-17031 道光三年“廉里七甲民黄秉涛具告刘宗盛胆越界霸挖民煤炭等情一案”：道光三年四月三十日，黄秉涛具控刘宗盛等越界挖煤二十余丈。县令派差役同邻佑等查勘绘图呈报。十四日差役们查勘后向县令报告，黄秉涛阴界（地下）自马门至挖穿处四十二丈，阳山地面五十四丈。袁名馨洞内阴界自马门起至挖穿处四十一丈零七尺，阳山地面四十二丈，可见是刘宗盛（袁名馨的佃户）越界。五月二十一日巴县衙门庭讯，县正堂断令刘宗盛不得越界挖煤。

2. 侵夺财物

侵夺财物是将他人财物据为己有，即对动产的非法占有或处分行为。

例如，巴县档案6-3-17044，此卷中只有一份文件即道光六年十月十六日陆同兴以帮工将矿山炭私卖控戴朝玉等一案的结状。陆同兴雇戴朝玉在山烧炭，议定每烧足一千斤，给工钱二千文。结果戴朝玉私卖煤炭三挑给吴恒顺，获利壹千二百文。县令断令戴朝玉私自卖炭所得的一千二百文作为支项，日后在工资中结算/扣除。

又如，巴县档案5894咸丰五年"智里二甲彭端佑告牟永安盗卖红柑一案"：九月初三日，彭端佑控称弟弟彭端礼卖红柑给牟永安，牟永安将相连的彭瑞佑的果林也认做自己所买一并占据。彭瑞佑回家向牟永安理论被凶殴。九月二十二日，牟永安诉称以银三十三两买断果园，并无摘留，是彭姓重索不遂，纵容彭端佑架以乘买凶估诬控。十月初十日，牟永安禀称彭元吉（彭端礼、彭端佑之父）等初七、初八日来园摘走三十余万红柑。十月十二日，官府接到一个叫彭宜之的人的报案，称同弟弟、侄儿雇王老五等船只，装运红柑二十九万捆往湖北发卖，初九日出发，初十日行至黄沙溪，船只被撞、钱物被抢，行凶人是彭春等人。因系江河上之抢劫案件，县令批示："候会营严拿。"十月二十五日，牟永安续禀称彭端佑等装走柑子，自己赶到码头阻拦。后凭众理说，双方书立合约，红柑算作伙卖，待彭端礼等将红柑售出后归还牟永安本钱。牟永安并且揭发彭端佑支使弟弟彭泽川报假案。县令接到呈词后批示："彭宜之更名捏报殊属狡诈，准予注销并添讯究。"撤销了彭泽川所报假案，并且批示要追究其捏报之责。此案中彭端佑等摘走牟永安买得果林中的红柑也是侵权行为。

3. 毁坏货物

承运人等对他人财物具有保护责任的人毁损他人财物也是一类侵权行为。当然这种侵权行为也同时属于违约行为。例如巴县档案6-3-17015"本城东水坊客民李祥兴以故意放炮覆船掩咎，害民血本钱全弃等情扭送范开科一案”：道光十一年九月十三日李祥兴禀：“余汝恭担保，归帮船户范开科装运葫豆杂货四百余石载汉交卸，水脚钱四百四十余串，行江钱五串。范开科弟范二押载。前月初四与民另船三只自渝同开……（此段文字模糊不清）故意放炮覆舟，害民损失二千余两。”李祥兴委托船户范开科运送葫豆杂货前往武汉，但遭范开科使用放炮伎俩，导致货物损失二千余两。放炮是巴县档案中多次提及的一种船户的不法行为，船户暗地里侵损客商财物，又用破坏船只的方式掩盖偷盗行为，造成客商损失进一步扩大，不仅是侵权行为也涉嫌犯罪。

4. 非法占有

非法占有是临时性合法占有他人财物的人非法留置他人财物。例如巴县档案 6-3-17070 道光十五年六月“马德顺拿白绵带去孙玉太红房染，告孙玉太不还给白绵带案”：道光十五年闰六月二十九日，马德顺喊禀称闰六月初拿八十付白绵带到孙玉太红房染，二十八日去取，孙玉太不给反将自己辱骂。不知道是不是由于涉案金额甚微，县令接案当日只在后堂进行了简单庭讯（接受讯问的仅马德顺一人）然后就让马德顺自行前往理讨。此案中孙玉太作为染坊主拒不返还客户送染的织物，侵犯了客户的财产权。不过这个案件因为只有原告的一面之词，其中是否还有其他缘由就不太清楚了，所以也很难就此断定染房主人意在霸占马德顺的白绵带。

5. 侵犯经营权

侵犯他人合法拥有垄断地位的经营权也是一种侵权行为。例如巴县档案 6-3-17011“正里二甲华文绰具告刘天贵等私置船只、霸渡估装案”：刘荣华弟兄和堂侄刘天贵早经分家，刘荣华弟兄将分得的渡口产业卖与华文绰，得价八百三十两。之后刘荣华又从华文绰那儿佃回渡口推渡行人，每年交给华文绰佃租钱二千文。刘天贵见渡船生意有利可图，意图侵占，也买小船一只放在码头推渡。华文绰查知后向其理阻，刘天贵横不依理。道光三年八月初四日，华文绰具控县衙称理斥被殴，初十日，官府票传，二十五日，刘天贵诉称渡口在自己业内。十一月初一日，巴县衙门庭讯，县令认定刘天贵无理，断令将刘天贵枷责示惩，待其悔过，将船收回，退还华文绰渡口，出具再不霸渡占界滋事甘结再行开释。十一月十五日，刘天贵取保释放。

二、侵权责任认定

明确侵权责任，通常需要有侵权行为、侵权结果以及因果关系的判断，不过在清代巴县的司法实践中，侵权责任的认定有其特殊性。

巴县档案 6-3-4749 嘉庆十六年“龚仁寿为盗卖药材禀刘玉泰一案”（似应为盗买）：龚仁寿经营药材买卖，与姚益寿素有交易。三月初一日，刘玉泰私刻姚益寿图章，盗买龚仁寿药材合计银十三两九钱六分，四月十一日刘玉泰第二次作案时被坊差拿获，十五日刘玉泰在县庭供称谢长发是其同伙，药材也是交给谢长发发卖。五月二十六日县庭传讯谢长发，审讯中谢长发申明被诬，但县庭仍断令谢长发半月内赔偿一半，另一半将刘玉泰管押追讨。八月谢长发如数缴银，刘玉泰却仍无钱赔偿，县令只得将其责惩，具结结案。嘉庆十六年六月初七日，刘玉泰之父刘文仁出首儿子，称其多为不法，扳诬谢长发。这个案件中，县令认定谢长发与刘玉泰构成共同侵权，只有刘玉泰的供述为凭，明显证据不足，但县令很可能是觉得多一个人负责对原告获得足额赔偿更有保障，因此颇为勉强地将谢长发牵涉在内。

下面这个案件和前面的案件有一些相似之处。巴县档案 6-3-17019 道光十八年“东水坊易三义等告杨长盛等伙装稻谷棉花，船□放炮失去谷盗卖案”：易三义等委托杨长盛、刘玉太、彭联陞三人伙装稻谷棉花，开船前三人共从易三义处领去水脚银七十一两五钱，水脚钱四百八十七千六百文。开船后没走到十里，杨长盛船蓄意放炮，致使易三义损失稻谷二十三石五斗。易三义因此于五月初五日具控。官府讯断令杨长盛三人共同赔还水脚银并短少谷石。但五月十九日刘玉太、彭联陞二船户具禀称是杨长盛的船出事浸湿客货，与刘玉太、彭联陞二船无干。事发后刘、彭二人要求依约送到交货，易三义却三家船都不让运了。刘玉太、彭联陞称水脚银业已开销水手、纤夫、舵工等人工钱及食米家具等，无力赔偿。县令批示二人遵照堂断速将水脚银上紧照数措缴。不过，五月二十八日复讯，县令还是变更了判决，改判杨长盛将船只变卖缴还谷价跟水脚银，刘、彭二人酌量缴还水脚银。六月初四日易三义禀称对方不遵断。六月初五日，刘玉太、彭联陞再次声辩，称无力偿还。县令批候复讯。卷终。这个案子中县令最初的裁断是三个船户承担连带赔偿责任，后来在刘玉太、彭联陞两户坚持下，改连带责任为分别责任。

这两个案例充分说明在侵权责任认定上，清代的地方官中存在一种扩大责任人范围的倾向，这样做的目的可能是增加被侵权人得到救济的可能性，尽快解决被侵权人的赔偿问题。

三、处理方式

对于侵权纠纷的处理，和其他类型的民商事纠纷类似，清代巴县的实践依然是调处与审断结合。

巴县档案 6-3-4722，嘉庆十五年四月初二日，武荣控伍俸逆弟霸吞，称武俸霸占紫阳楼铺面，私吞吉祥会帮修银五十两。四月初四日伍俸反控伍长福（伍荣之子，伍俸之侄）逆恶凶骗，称自己开黄酒馆，武长福开面食铺，嘉庆十三年三月初六日武长福该欠廖正发麦子钱一百二十千文，累自己填赔。此案四月二十三日经调解息销，不久伍荣即翻控，正堂叶县令不准。此案是兄弟互控经调解息销。

下面这个案件也是调处息销。巴县档案 6-3-4744 嘉庆十六年“邹大位为串通诓银、奸采累旁事告涂汉文、詹老二等一案”：三月十四日邹大位为卖姜款具控，称贩运生姜到渝城投涂日中行发卖，共卖得姜价二十四两零，没有当场拿到钱，后姜款被王德清冒领。县令批候讯追，未及出票，十九日经同行调处息销。

不过调处并非万能。巴县档案 15 嘉庆十四年本城捕差朱贵、吴顺具禀戴世兴与熊世发之诉争（档案整理者编号）：戴世兴开纸坊为业。熊世发在戴世兴铺里帮工，十四年十一月二十日被辞退出铺。二十二日戴世兴发现熊世发私藏淡红纸一刀在铺楼上。戴世兴追问缘由，熊世发认为遭诬陷，肆意吵闹。戴世兴报告东水坊捕役朱贵、吴顺。二人调停无效，将熊世发带案。讯问中熊世发分辩称红纸是弟弟在陈义顺铺内用一千九百五十五文钱买的门神。县令断令熊世发可以将红纸领回。但还是对其予以责惩（可能是针对闹事行为）。

从这几个案例中可见，民间调处的确可以解决一部分侵权纠纷，尤其是当纠纷发生在亲族、同行之间时。但是调处息销后也不排除再起纷争的可能性。对于分歧较大的事件，官府处断通常可以比较快捷地解决问题。

四、侵权救济

侵权救济是指被侵权人受侵害的利益在何种程度上可以得到补偿。① 由于本书讨论的侵权纠纷集中于工商经营领域，以财产性损害为主，所以侵权救济也相应地以返还财产、赔偿损失等财产性补偿方式为主。

1. 返还财产

巴县档案 6-3-9764 “千厮坊周永顺以伙贸将本银稳吞反诬控朱裕泰等互控”卷内杂有许光华喊控牟豫和一案结状。道光三十年

① 关于侵权救济，《清律·户律·田律·弃毁器物稼穑等》规定：凡［故意］弃毁人器物及毁伐树木稼穑者计［所弃毁之物即为］赃准窃盗论［照窃盗定罪］，免刺，［罪止杖一百流三千里］官物加［准窃盗赃上］二等，若遗失及误毁官物者，各［于官物加二等上］减三等，［凡弃毁遗失误毁］并验数追偿［还官给主若遗失误毁］；私物，则偿而不坐罪。若毁损人房屋墙垣之类者，计合用修造雇工钱坐赃论［一两以下笞二十罪止杖一百徒三年］，各令修立，官屋加二等。误毁者，但令修立，不坐罪。前款是赔偿损失，后款是恢复原状。

十二月，许光华叔侄从贵州采办通草片运渝发卖，因平素与商人曾长荣相熟，许光华的货物与曾长荣的货物同船载运。咸丰元年正月初七日，船抵渝城，商人牟豫和因与曾长荣有钱债纠纷，扣押了曾长荣的货物，将许光华的货物一并抢走。许光华具控巴县衙门拿回了自己的东西。此案中许光华无端被抢走货物，返还财产显然是他最期待的诉讼结果。

巴县档案6-3-9810、9811、9815、9825道光二年八月二十七日“严升泰等控告郑明发父子该欠棉花货款一案”：严升泰等控告郑明发父子该欠棉花货款，八月三十日郑明发反诉孙尚儒等强抢棉花。郑明发称多年在渝城各行贩运棉花回璧山县发卖，嘉庆二十三年曾经买昇太行孙尚儒棉花四包，现银支付，并不欠账。本月二十六日郑明发命儿子郑奇盛送银到合兴行买棉花十二包，雇船装运。船抵瓷器口起岸时，被孙尚儒、詹老三带领多人持械枪去棉花九包，声称郑全泰（郑明发的另一个儿子）嘉庆二十四年花账未清。九月初，巴县衙门庭讯，虽然郑明发声称对严升泰等所主张的欠账并不知情，但县令仍判断郑明发、郑全泰父子欠严升泰、罗义丰货款属实（欠严升泰三百七十余两，罗义丰一千零八十余两），判令押追还款。不过十二月二十三日县令又改变了主意，改判郑明发替其子郑全泰偿还一半债务计银一百八十八两，棉花发还。本案中尽管官府认为郑明发应对其子郑全泰的债务承担连带责任，但是对于郑明发作为反诉提起的侵权之诉，仍然裁定返还财产。

2. 赔偿损失

如果诉争财产已经不存在或不易复得，返还财产无法实现的情况下，赔偿损失也是弥补侵权损害的重要方式。

巴县档案6-3-9827（此件编号可能有误，前后两个编号案件均为道光三年案）“太平坊杨复兴具告曾元太帮伊运货、私窃货物卖一案”：杨复兴经营杂货生意，道光十二年十月杨复兴雇曾元太将篾席五十捆由重庆运往汉口，向曾元太支付了水脚银十四千。曾元太将篾席运至宜昌府，私卖十捆，约值本银三十余两。随后曾元太卖了自己的船，将原注明五十捆篾席的运单涂改为四十捆，把剩下四十捆篾席转交谭品友运载。但谭品友发现运单字据有涂改痕迹，不敢承运，将货物投交川湖两帮会首雇人看管，通知收货方来人雇船自行运往汉口。收货方维持用去船费十六千。道光十三年二月初二日，杨复兴接到汉口方面通知，向曾元太询问，曾元太含糊支吾。杨复兴于二月十二日提出控告。二月二十三日巴县庭讯，县令断令将曾元太锁押追还，限其三日内呈缴盗卖所得款项。此案中曾元太盗卖杨复兴的篾席，因无法归还原物，被判赔偿价款。

巴县档案 6-3-17014“本城张泰合告徐连奉套货到手，装运途次私行盗卖，并将船只售私逃等情一案”：张泰合在渝城设立成泰合号坐庄买卖生理，道光十年三月雇素识船户高维柱、熊贵船只装载桔糖，因两船装载不下，经高、熊二人介绍另雇徐连奉装载桔糖二十桶，价值一百一十六两，运往汉镇交给合作商号。水钱及经过代纳夔关税钱都已付清。后张泰合接汉号来信称徐连奉将所装之糖盗卖一空，潜逃回渝。张泰合投船帮会首清理，徐连奉逃匿无踪。五月十四日，张泰合将徐连奉找获，但徐连奉不予理会，张泰合遂将徐连奉扭送官府。五月二十八日徐连奉具诉称货物是泰合伙号提走，后覆舟货沉。六月二十日巴县衙门庭讯，县令断令押追徐连奉，令其赔偿损失。本案也是一起承运人盗卖货物的案件，因货物已无从追回，官府照例断令照价赔偿。

3. 停止侵害

对于可能持续发生的侵权行为，断令停止侵害是必要的救济手段。

巴县档案 6-3-17068“廉里四甲周三成因另开洞门，霸挖炭煤告杜石宝一案”：嘉庆十九年，周三成在已业夹漕沟自备费用邀杜相炮、李维爵二人合伙开洞两口，采挖煤炭，议定扣除费用所获利润三股分派，炭尽还山。杜相炮、李维爵去世后其子杜石保、李正隆接手。道光九年炭尽拆伙。时隔两载，杜石保在周三成业内隔沟另开洞门四口，开采煤炭，周三成向团约周明德投诉，要求杜石保停工，当时似乎也达成了协议。然而不久杜石保违约继续开挖。道光十一年正月二十八日，周三成具控。二月初八日杜位清（即杜石保）具诉称嘉庆二十年周三成、李正隆、杜位清各出五十两伙挖煤炭，二十三年因诉讼及雇工病故费用银一百余两，三人分别认承相关债务。道光九年分伙各开。周三成两股炭洞顶给陈姓一股。因垂涎杜位清出炭厚重，违背放约欲将炭山取回自挖。二月初十日巴县庭讯，县令认定杜石保盗挖属实，将杜石保锁至开洞处，凭团约见证将洞口封闭不许再开。此案中杜石保盗挖周三成矿山，官府断令其停止侵害。

巴县档案 6-3-17074 “本城杨瑞雀以串占估挖煤炭告彭大受案”：本案中赵贵书在杨瑞雀山地里有十余座家族坟冢，于是将杨瑞雀之地冒充己业，以二十六两银子的价格将杨瑞雀的山地盗卖给彭孔皆。彭孔皆不知情，买得矿山后招佃邱成祥开挖煤洞，杨瑞雀得知后提出控告。但是此时赵贵书所得买价已耗费无存，家贫无钱。道光十一年八月十三日县令断令赵姓只许祭扫坟地，杨瑞雀偿还彭孔皆银二十六两，其招佃所开矿洞封闭。此案中赵贵书盗卖杨瑞雀山地，承买人又将矿山招佃他人开挖煤炭。因挖煤是持续的侵权行为，故县令断令停止损害，不得继续采挖。

4. 其他

返还财物、赔偿损失、停止侵害是几种常见的侵权救济，救济原则是补偿被侵权人的损失，防止可能持续的侵害行为继续发生。但是有一些案例由于情况特殊，侵权救济被官府打了折扣。

巴县档案 6-3-17074 中，本应由侵权人赵贵书赔偿误买人彭孔皆价款，但赵贵书已将买价耗费一空，无力赔偿，官府于是从权断令权利人杨瑞雀承担赔偿义务。又如巴县档案 6-3-17043 道光六年五月“江北镇坊刘含辉以估挖蚁山煤炭并私搭煤厂告杨世仪一案”：刘含辉嘉庆二十年以钱三十二千买徐姓山地一段，佃与萧正太耕种。道光元年刘奕浩、杨世仪挖煤侵入刘含辉地界，经刘含辉理论停止。道光二年四月刘含辉将矿洞封闭。道光六年四月杨世仪藉佃临界吴姓炭洞，仍霸占洞口采挖煤炭。道光六年五月十三日，刘含辉提起控告，五月十八日巴县庭讯证明刘含辉所控属实。从庭讯查实的情况看，官府本应命令杨世仪立即停止侵害并赔偿损失，但县令念杨世仪贫困，且雇工挖炭已花费数十千文，断令刘含辉准其书立佃约，允许杨世仪免费开挖到年底。这个案件中，侵权事实很清楚，但官府估计是为社会和谐计，只同意给受害方有条件的救济，推迟了要求侵权人停止侵害的时间。

前述清代巴县的诸多侵权纠纷事例表明清代巴县的工商业者会在很多情况下面临权利被侵害的境遇，也有不少人倾向于寻求官府的救济。而清代地方政府还是在一定程度上满足了民众的需求，尽管官府提供的救济只是最基础的。从司法档案中我们看到，巴县侵权救济的一个基本原则是按侵权损害的程度补偿被侵权者的损失，补偿的最高限度是直接的侵权损失，有时候考虑到侵权人的实际经济状况和履行能力，侵权赔偿还会在直接损失上打折扣。

第九章　经济管理

从前面的论述中，我们基本上可以得出一个结论，清代巴县政府对于工商经济，是抱一种消极被动的态度，除非牵涉衙门差务，可能影响官府运转，否则巴县政府一般不太会主动地去干涉工商经济的运转。但是巴县政府也不是对所有问题都置之不理，在某些特定领域，我们也能看到政府积极的管理。

一、金融管理

1. 货币

清代吸取前代使用纸币造成严重通货膨胀的教训，在法定的货币中基本取消了纸币①，只留下银、钱两种。由于银的仿制和伪造相对较难，货币的管理主要是钱的管理。

巴县档案 6-3-4594 嘉庆三年“本城衙役谭俸等巡盘民杨大朝等以糖兑钱等情一案”：嘉庆三年正月二十九日，千厮门巡捕谭俸具禀杨大朝等以糖兑钱，查获毛钱八千文，老钱四千七百文，县府断令将杨大朝等枷号示惩，毛钱没收（存案），老钱给领，二月初

① 清末以前，清政府曾有两次短暂的纸币发行：顺治八年因平定南明王朝的反抗和镇压李闯王的农民起义军，开支很大，财政入不敷出。为了弥补财政赤字第一次发行了钞贯。当时发行的纸币每年不过十二万八千一百七十二贯四百七十文。前后发行了十年，共一百二十八万一千七百二十四贯七石文。咸丰年间发行大清宝钞和户部官票，后因严重贬值停用。参见李育安：《清代的币制和纸币流通》，载《郑州大学学报》（哲学和社会科学版）1994年第6期。

四日，杨大朝等具结释放。这个案件中所说的“毛钱”应该就是不合规的钱，使用毛钱是非法的。一经查获，毛钱没收，使用者也要被处罚。

另巴县档案 6-3-4596 嘉庆三年“本城衙役查街见脚夫背钱包进建兴站房，查获废钱一案”：三月初三日，衙役胡玉、郭顺禀报查获废钱十四包，将废钱包并老板黄建新送案。经讯，黄建新供称包裹是渠县陈□□请他代为收存。此案黄建新究竟是真不知情还是装作不知情我们并不清楚，案件最后如何处理的①，卷宗中也未有记载。

地方官府对于货币使用环境的规范，从长远看也是有利于工商业者的整体利益的。

2. 票据

清代商业票据的使用日益增多，见诸文献的信用票据主要有会票、期票、兑票、行票、粮帖、钱帖等。② 这些票据用途各异，但均代表一定金额的财产权利③。伴随商业票据的使用，也相应地带来了与之相关的票据纠纷。其中最为常见的便是假票纠纷。

巴县档案 6-3-6156 道光六年七月“张飞元等控告张渝成等假票讹诈一案”：张飞元和张渝成在陕西泾阳合开钞店，张泰成拿五千两票据到渝要求张飞元兑付，张渝成表示认账，但张飞元怀疑票据有假不肯兑付。七月十九日张飞元具控，张泰成也同时控告张飞

---

① 刑律诈伪“私铸铜钱”条条例：“凡将前代废钱掺和行使者，不论钱数多寡，枷号一个月，杖一百。”田涛、郑秦点校：《大清律例》，法律出版社 1999 年版，第 512 页。

② 韩瑞军、谢秀丽：《论清代前期民间商业信用的特点》，载《商业研究》2007 年第 6 期。

③ 《文献》一九八五年第二期载有汪宗义、刘宣辑录“清初京师商号会票”数件，例如其中第一件内容：“立会票吕子嘉今收到□□□处实兑纹银一千两整，其银约至都中日成字号许明远兄处，三月内准兑无误，立此会票存照。平日成布砝每百两亏五钱左右兑。康熙二十二年二月□□日立会票吕子嘉。”（金额上有吕子嘉的图章，署名上有画押和同一图章。）

元、张渝成“伙掣骗害”。七月二十一日官府庭讯，县正堂断令张飞元给付张泰成路费三十两，让张渝成和张泰成自行回泾阳清缴。

前述案件中票据真伪待定，县令要求当事人前往票据签发地查实清结。下面这个案件则证实是假票。巴县档案 6-3-9774“治平坊刘天佐与罗升以当票纠纷互控一案”：道光元年五月十□日，刘天佐（当铺主）控称自己开典铺生理，本月十一日有人持去年四月三十日签发的该铺当票一张取当，刘天佐发现系假票，询知取当人名叫罗升，将其扭送官府。同日，罗升控被刘天佐等人打伤，称当票是一个叫樊六的人抵押给继弟张荣政的，并称张荣政已将樊六押到。五月二十日，街邻裴信公、庞复级禀称经过理剖，查明当票是樊六捡的，并无仿造情形，请求息销。正堂李县令批示：“樊六当票既系误捡，罗升并无受伤情事，两造愿和，从宽免究，销案各结存。”

这两个案件中，前者巴县县令没有深究兑票的真伪，只是让当事人自行查实；后者明知当票是假，但既然涉案人都无意纠缠，县令也未继续查访假票来历。这说明对于商业票据，地方政府也没有主动介入的积极性，还是抱着多一事不如少一事的消极态度。

二、特殊物资管理

清代的商品流通和城乡市场都已经有了一定的发展，市场上流通的商品范围甚广，但也有部分商品由于各种特殊性，并不能完全自由交易，而是受到或多或少的限制。

1. 粮食

巴县档案 6-3-4635 嘉庆十年“本城福里二甲快役诉张朝宗囤积食谷一案”：张朝宗在石牛溪场坐买食谷一千余石，被差役发现，当时尚有五百石未运走，粮差方伦令其就地发卖，还让张朝宗支付了差役口岸钱壹千六百文。结果张朝宗向官府控告差役需索。粮差方伦于十年三月二十三日具诉辩白称“奉督宪示禁囤积”。粮食不是一般商品，关乎国计民生，但清代并不禁止米粮贩运，此案中粮差要求买米的商人就地发卖，是否因当时当地面临粮食紧张不得而知，但至少说明在特殊情况下，对于粮食这种特殊商品的交易，官府有可能进行干预。

2. 铁

铁是传统的禁榷物资。和前朝一样，清代也实行铁的禁榷，铁的运销均需取得官府许可。

巴县档案6-3-4734“张有美雇船保结禀明给票事”：嘉庆十五年，张有美在江北采购生铁三十万斤运往汉口，雇船户毛天秩等运输。为此，张有美于九月十八日向官府请给印照。十月二十三日，官府根据张有美的申请对运输数量进行了查核，出具了查核清单：毛天秩装生铁二百八十块，重三万九千一百斤；廖元兴装生铁五百八十块，重五万七千四百斤；郭全德装生铁一百八十二块，重一万九千五百斤。

货主张有美另具保结状：

> 具保结状人张有美今于
>
> 为具保结状事，实保结得蚁雇船户毛天秩、廖元兴、郭全德承装蚁生铁十一千斤运往汉镇销售，赴案请领照票，沿途不得兴贩私装夹带违禁等，中间不虚，保结状是实。
>
> 嘉庆十五年十月二十二日　具保结状人　张有美
>
> 批：准结候给票。

这份卷宗比较清楚地揭示了跨区域运销生铁的相关手续。这种情况下，货主须向所在地官府请给印照，官府核实品种数量，货主出具保结状，官府发给照票作为准运凭证。

3. 硝磺及其他

从上面两个案件中，我们看到粮食贩运可能受到官府限制，生铁运输需要起运地批准文书，不过这些最多只是流通受限或可能受限的物资。除了这两种商品外，还有一些物资是禁止流通的，比如火药及制造火药的原料，似乎还有茶叶。

禁止流通物首先是火药及制造火药的原料。这些可能用于制造爆炸物的物资是不能在市场上交易的。清代法律规定："私自贩卖硫磺五十斤，焰硝一百斤以上者，问罪，硝磺入官；卖与外国人及边海贼寇者，不拘多寡，比照私将军器出境因而走泄事情律，为首者处斩，为从者俱发边卫充军；若合成火药卖与盐徒者，亦发边卫充军；两邻知而不举者，各治以罪。"①

巴县档案9是一份嘉庆十年十二月二十四日巴县民李元结的领状。李元结贩卖硫磺、茶叶、笋子和海椒。被官府发现后所有货物全都被扣押，经过审理，李元结的硫磺、茶叶被没收，笋子、海椒发还给领。硫磺是制造火药的原料，茶叶是国家禁榷商品②，因此都被没收了。

另一例巴县档案34嘉庆二十一年"本城民李春阳、熊裕德伙同私开硝店一事"：姜洪盛等开设花炮作坊，收买硝商来渝完纳官硝剩余零硝制作花炮发卖，并应办官府差务。应办三营军火官硝的李春阳、熊裕德等人在黄葛垭地方用"三营军火验票"对过路硝贩强行抽头，硝一石抽两斤，磺一石抽硫磺一块约六七斤，这样姜洪盛等就很难买到剩余零硝了。因此姜洪盛等以妨碍差务为名向衙门提出控告。官府审断属实，对李春阳等人进行了责罚，并发布告示，晓谕各地方约保：

> 特调四川重庆府巴县正堂加三级卓异加一级纪录五次刘为晓谕事：照得硝磺一项关系军火不容私贩，私设硝店事例究前因，兹查得熊裕德等在于黄葛垭地方私设硝店，遇有硝磺过

---

① 《清会典事例》卷七七五。

② 《清律户律·课程·私茶》：官给茶引，付产茶府、州、县，凡商人买茶，具数赴官纳银给引，方许出境货卖。每引照茶一百斤，茶不及引者，谓之畸零，别置由帖付之。量地远近，定以程限于经过地方执照。若茶无由引，及茶、引相离者，听人告捕。其有茶引不相当，或有余茶者，并听拏问。卖茶毕即以原给由引，赴住卖官司告缴，该府、州、县俱各委官一员专理。田涛、郑秦点校：《大清律例》，法律出版社1999年版，第257页。

境，从中抽取硝磺，发给验票。当经本县查实，饬差拿获照例责惩，并将硝店封闭在案。诚恐无知之徒仍效前辙，合行出示晓谕。为此示仰县□各场市镇约保人等知悉，嗣后如有前项不法之徒私设硝店并私贩硝磺者，饬该约保等立即扭送本县以凭按律究办，决不姑宽，各宜凛遵毋违特示意。

嘉庆十一年十二月初八日

官府在告示中通告了对熊裕德等人私开硝店的处罚，并且告诫他人不得违法私设硝店。

同时姜洪盛等也出具认状，每月认办官硝三十斤。

三、码头搬运管理

重庆是一个码头城市，大量物资借助水运往来，码头上下货物都要靠人力搬运。这就使码头搬运成为巴县一个重要的行业。码头搬运的管理严重影响码头秩序和社会治安，因此官府也不能不进行一定程度的干预。官府通常借助夫头进行码头搬运的管理。巴县档案乾隆三十六年四月初十日的一份文件记载了朝天厢码头奉命设立夫头管理脚夫的缘由："朝天厢码头，乃三江总汇，客商云集起货之所。因无夫头统率，以至货物拢岸，脚夫拥挤抢背，往往失落，甚有脚夫背货藏匿，或于中抽取货物，不一而足。前沐仁宪在码头赏示，设立夫头，将散夫清查造册……散夫如有增添，随时开报注册……蚁等遵示，现在议立夫头，第恐各行站居铺客商不遵，非仁宪示谕传知，并祈陈情各宪立案，赏给夫头执照，蚁等有凭议立，无负宪德。"四月二十四日，巴县衙门示谕通城各行栈铺店："本县设立夫头，凡客货起岸，俱经夫头雇人背送。如有遗失，着落赔偿……为此，示谕通城各行站铺店人等知悉。嗣后客货下河，不经夫头雇人，自令本店伙房人等背运者，设有遗失，惟行家站房以及伙房是问。"五月十一日，夫头徐殿扬、陈大善领取了巴县知县颁发的执照，正式充任朝天门码头夫头，管理本地脚夫。夫头执照赋予夫头们管理脚夫的权力，明确了他们的职责范围：

据朝天门码头徐殿扬、陈大善认充夫头前来，合行给照。为此，照给徐殿扬、陈大善收执。嗣后每逢客船装货抵岸，务须经理散夫背运货物，交割明白。仍不时稽查外来无籍之人，毋许混行抢背客货。倘有恃横滋事者，许即扭察本县，以凭法究。尔等亦不得勒索偏枯，致干察究不贷。①

此后夫头们便成为衙门管理码头秩序的重要依赖。例如巴县档案 6-3-4745 嘉庆十六年“巴县正堂为码头夫头毋得肆闹而由行栈专管札饬传谕稿”，县令发布告示称：“凡遇客货抵渝，剥船起载时，自应由该管夫头等指明客货，饬令散夫轮流次第各背各货，自有一定之规，以专责成而免争竞。”（十六年三月二十七日）告示中明确码头夫头对散夫有管理之责。客货背运应该由夫头指派，不能听由散夫抢背。

但是这则告示好像并没有取得应有的效果，所以隔了大概一个月不到，县令又不得不发了第二个告示：

巴县档案 6-3-4746 嘉庆十六年“巴县正堂为码头肆闹，再次札饬谕稿”：“札谕朝天门码头及山广货各行栈夫头人等知悉，嗣后无论河岸起货进行及行栈运各货入船，均由各管行夫头派拨妥实数夫背运，毋使无聊脚夫流痞仍前强背，拥挤肆闹。”（闰三月二十日）再次重申夫头的职责。

至于这个告示是否能发生作用其实也可想而知，因为我们还看到了下面这则告示：

“嘉庆十六年五月四日巴县告示”：

示谕朝天门码头山广各行夫头人等知悉，嗣后尔等轮流经管，派拨散夫，次第搬运客货，勿许无聊流痞，混聚码头，恃强抢搬，以致乘机透漏。至行栈背运货物、棉花各色货包，不

① “巴县设立夫头案”，《清代巴县档案汇编》（乾隆卷），档案出版社1991年版，第261~263页。

得任听散夫等籍称补包为由，指点货包，停贮僻处，暗自透窃。至每只货物，照旧量加钱一文，以作尔等月食之费。永远恪遵，庶免日久弊生，滋事扰攘。尔等亦不得藉此为符，耽搁客货，额外需索。自示之后，倘有前项痞徒，恃强估搬，不遵示谕，许尔夫头人等指名禀究。该夫头等，倘敢居奇勒索，亦许客商行栈及坊约等，据实具禀，以凭究处。各宜凛遵勿违！特示

计开妥议条款：

（一议）管理首务，必须年力精壮，忠实才干，本人本名，不得冒名顶充，雇人代替，坐地分利，庶免作奸，以专责成。

领首每日在码头照管，一遇货物拢岸，随即派拨散夫上船，轮流挨次搬运，不得恃强争夺，庶免客货沉溺，滋生事端。

不论本船、拨船拢岸，领首查点货物，见有打捆之货，或非原捆桶篾包等货，盖脱封破，务须盘问明白，以杜船户透货贻累之弊。

领首置办雨篷，倘遇天降暴雨，搬运不及，货物或在拨船，或在岸上，随以雨篷遮盖，以免货物败坏。

散夫背抬货物，自码头以至各行栈，为途不远，总以一肩运拢，抵行交卸，不得歇肩。既可杜其掏摸，又免拥塞官街。

各项背抬货物，上下力钱，原有定规，不得以天时晴雨早晚，任意勒索，稍不如意，诿弃客货，拥塞码头。

领首自有新增之项，以充衣食，不得侵蚀散夫血汗，以致下力之人有名无实。

码头每逢官员往来一切差务，仍照前任仲主示定旧规，各归各款。

每日搬运货物，以辰时运起，直至申时方止。如未至申时，推诿不运，致令客货堆积码头，暴露遗失者，领首照价赔还。①

① 四川大学历史系、四川省档案馆主编：《清代乾嘉道巴县档案选编》下册，四川大学出版社1989年版，第4页。

这份告示非常详尽地规定了夫头/领首的责任，对背运规范和背运秩序都进行了详细的说明。官府的想法是让码头夫头负责维持码头搬运秩序，原因是散夫太多，往往争货抢背，官府也无法一一进行约束，那么也许可以通过指定夫头，让这些夫头来整顿码头秩序。但是夫头们也往往勉为其难，官府没有别的办法，只能再三申明，所以我们就看到了连续有类似的告示出现了。

四、船运管理

巴县河流众多，两岸来往或是沿江河旅行都要依赖船运，船运问题尤其是其中的安全问题因此也成为官府关注的一个问题。

船运较之陆运风险相对较大，为防止船重水急致覆舟淹毙的后果发生，道光元年巴县官府对渡船的载客人数和船资进行了规定："九月初一至三月底，春冬水平，每大船装载十人，小船装载六人。自四月初一起至八月底止，夏秋水涨，每大船装载六人，小船装载四人。大河宽阔，水大时每人取渡钱五文，水小时每人取渡钱三文；骑马者，水大时每骑取渡钱十五文，水小时取渡钱九文；坐轿者，水大时每轿取渡钱十五文，水小时每轿取渡钱九文。小河狭窄，水大时每人取渡钱三文，水小时每人取渡钱二文；骑马者，水大时每骑取渡钱九文，水小时每骑取渡钱六文；坐轿者，水大时每轿取渡钱九文，水小时每轿取渡钱六文；挑担之人，不论水大水小，止取人夫渡钱，不取货担钱；通往官员，不取钱文。倘敢违禁，多索多载，一经查出，或被告发，定即重究竟。若小甲徇隐分肥，巡河差役秘而不言，一体治罪。"① 此文中的大河可能即是长江，小河是嘉陵江，官府针对涨水和枯水季节对大船、小船的载客人数进行了限制，同时区别大河、小河，水大、水小，步行、骑马、坐轿分别规定了不同的船资。

渡船用于渡江过河，距离较短，所以船资相对较便宜。渡船以

① 四川大学历史系、四川省档案馆主编：《清代乾嘉道巴县档案选编》上册，四川大学出版社1989年版，第409页，"道光元年巴县告示"。

外，也有比较远途的旅客水上运输，对于这种情况，巴县政府也进行了规范。

“道光元年九月十一日巴县正堂告示”：

照得渝城临江门搭船至瓷器口，逆水四十余里，瓷器口搭船至临江门，顺水三十余里，系水陆冲衢，并通璧山，铜梁、大足等处，每日经过客商络绎不绝。访闻有等不肖船户，每有多索多载，致有覆舟之弊。今本县查照向定章程：大篷船每只桡（手）夫水手五六名者，准载十六人；小篷船每只桡夫水手三四名者，准载十二人。水大时每人取船钱二十文，水小时每人取船钱十六文。装载米石船只，不准载人。仍给木牌分号钉于船舱，或有多载多索以便惩□，合行出示晓谕。为此，示仰临江门、磁器口约客、小甲、船户人等知悉，嗣后尔等遵照木牌向定章程，毋得额外重索多载。倘有违犯，许约客、巡河差役人等，指名具禀，以凭拿究。各宜凛遵毋违。特示。①

从这个告示中我们看到巴县官府为保证航行安全，对船户进行了一系列的约束，首先要求客货分载，装货物的船只不能载人；其次载客量按大篷船、小篷船区别，分别限载十六人到十二人；船资则按照水大、水小（航行难度）规定取费从二十文到十六文。

上面两则巴县官府对渡船和航船的运载量、船费等的具体规定，对影响船运安全的主要因素都有所涉及，就当时的船运发展水平看，地方政府还是非常关注航行保障的。

五、旅店管理

旅店接待四面八方的客人，渝城作为一个工商经济的重要口岸，旅店业的发达不在话下，但是旅店业由于旅客来源复杂，身份

① 四川大学历史系、四川省档案馆主编：《清代乾嘉道巴县档案选编》上册，四川大学出版社1989年版，第409页。

多种多样，如果管理不善，也会是社会安全的一个潜在风险所在。从巴县档案中我们可以了解到巴县政府所采取的一些旅店管理的措施。

巴县档案6-4-5838 咸丰二年“本城差役敖贵生查获禀送危合义栈内疏忽挂号不清案”：危合义开栈房也就是旅店，但未按规定将客人姓名等在循环挂号簿登记清楚。七月初四日被县府差役查获送案，掌责后开释。从这个案例中我们可以知道清代巴县开设旅店是需要履行登记义务的，旅店主要将来往客人姓名等基本信息登记在循环挂号簿上，供官府查阅。这样不仅有利于官府掌握流动人口的状况，而且一旦发生治安案件还可以提供破案线索。这种登记义务是强制性的，本案中的旅店主没有照章办事，查获后被送案惩办。

旅店主对住客情况进行登记只是一种程序上的任务，旅店作为一个小的社会细胞，旅店主还负有维护社会治安的实质性义务。巴县档案6-4-5863 咸丰四年闰七月“本城蒋聘轩告李义成开栈房为名，招寓无聊称凶霸道一案”：闰七月初三日，云灵坊监正、甲长蒋聘轩、刘朝光等禀报开栈房的李义成容留不明来历人住宿。报案人称李义成招窝无聊之人数十名，诘问则以多报少，又不吐说姓名，号簿又不填注。李义成栈内住客中有一个叫张癞子的，张癞子在伯父张裕发铺中帮工做牛骨生意，因与伯父发生口角出走来栈房投宿，盘问中与差役发生争执，也被送案。十七日张癞子经张裕发保出。此案中开旅店的李义成容留不明来历之人住店，被掌责，旅店也被勒令关闭。

《大清律例》“私充牙行埠头”条所附条例一规定：“凡客店每月置店簿一本，在内赴兵马司，在外赴有司署押讫，逐日附写到店客商姓名、人数、起程月日，各赴所司查照。如有客商病死，所遗财物别无家人亲属者，官为见数移召其父兄子弟或已故之人嫡妻识认给还；一年后无识认者入官。”① 看起来旅店管理中旅店主的责

① 《清律·户律·市廛》，田涛、郑秦点校：《大清律例》，法律出版社1999年版，第267页。

任还是比较重的，他们需要查核客人身份，登记住宿信息，不得容留来历不明人住店。官府则通过差役和基层地方组织对旅店主进行监督。一旦发现旅店主未依法履行义务，则由官府加以惩处，具体惩罚措施既包括身体刑也包括停业处分。

六、治安管理

一般而言，清代的地方政府对工商经济的态度是比较消极的，干预相当少，基本上是旁观的态度。但是如果涉及社会秩序，官府有时候也会从安全角度出发进行干预。

工商业者聚集的地方，外来人口众多，清代的地方政府往往采取在这些地方设置基层组织的办法来加强治安管理。这一类的基层组织主要有场头、客长，从字面意思理解，场头应该是按地域管理的基层组织的头，客长有可能是按人口划分的基层组织的责任人。不过实际上可能场头、客长只是名义不同，权利义务并无本质不同。

例如巴县档案中有一则乡约报告推举场头、客长情况的文书：

> "乾隆三十四年三月十五日廉里三甲乡约黄兆之等禀状"：
>
> 为签具场头客长，恳给照充事
>
> 情蚁甲内安凤场居民二十余家，俱开铺，盐茶杂货、屠猪生理，均有执业，无场头、客长，公事是非，无人承办稽查。蚁系乡约，不敢隐晦。理合签举场头、客长认办场内事务。是以协同场民公议，周旭万为人老成，承充场头，谢明睿正直端方，堪充客长。恳恩赏准给照充当，并祈赏示晓谕，俾办公得人，责成有专。
>
> 县正堂批：准签，不必出示。①

① 四川大学历史系、四川省档案馆主编：《清代乾嘉道巴县档案选编》下册，四川大学出版社1989年版，第299页。

这份禀状叙述了安凤场推举场头、客长的缘由，以及场头、客长产生的经过，让我们得以对场头、客长的选任有一个基本了解。首先场头、客长多设置于工商经营密集之所；另外场头、客长可能管辖的户口并不多，这个例子中安凤场的居民是二十余家；场头、客长选任的程序是场民公议、官府公示（可以省略）；担任场头、客长的主要条件是正直老成。

场头、客长虽然只是比“芝麻”还小的官，但是也要官府发给执照。

下面这份发给场头、客长执照的文书进一步提到场头、客长们的职责：

> “乾隆三十四年三月二十九日巴县签充场头、客长执照”：
>
> 为给照事
>
> 本年三月十五日，据廉里三甲周旭万认充场头，谢明睿认充客长，直里五甲钟锦上认充客长，郑君扬认充保长前来。除验准外，合行给照。为此照给周旭万、谢明睿、钟锦上、郑君扬收执。嗣后凡遇场内公事，务须协同乡约谨慎办理。仍不时稽查啯噜匪类、娼妓赌博、私宰私铸、邪教端公，以及外来剪绺擢白，面生可疑之人，许尔密禀本县，以□ □ 究。倘敢徇庇容隐，一经查出，决不姑宽。凛之！慎之！须至执照者
>
> 右照给场头周旭万　谢明睿
>
> 客长钟锦上　保长郑君扬
>
> 准此①

这份给发执照的文书指出场头、客长（也包括保长）的主要任务是协同乡约办理场内公事，另外稽查不法行为，维护治安也是场头、客长们的重要责任。场头、客长非官非役，应该没有工资可拿，责任却相当重大，貌似场头、客长这些职务并非美差。我们在

① 四川大学历史系、四川省档案馆主编：《清代乾嘉道巴县档案选编》下册，四川大学出版社 1989 年版，第 299 页。

巴县档案中就看到有人认为被举为客长是被他人存心陷害。①

一方面通过设置基层组织对工商业者进行集中管理来减少治安隐患，另一方面清代地方政府也在处理相关案件中加强治安隐患的防范。

巴县档案 17 嘉庆十五年“本城智里八甲民熊子聪具禀杨乔龙、吕应显等株封情惨等事一案”：嘉庆十年，熊子聪当徐泰氏、徐相童母子荒山开挖煤炭，杨乔龙、吕应显等也租佃徐姓之业开挖煤炭，两家炭洞隔沟不连。十五年六月初五日，有乞化之人在官府供述称杨乔龙唆使他行窃，地邻将杨乔龙送案，官府谕令将杨乔龙煤洞查封。但是地邻竟然越沟将熊子聪炭洞一并封闭，熊子聪因此提出控告。正堂叶县令批示乡约查明。六月十一日官府出牌传唤。这个案件中杨乔龙极有可能是被他人诬告牵连，但官府为免生后患，将杨乔龙开采煤炭的矿洞封闭。

上面这个案例中官府为防患于未然，封闭了涉嫌犯罪人的矿洞。下面两个事例则是正常的商品交易涉及盗窃犯罪，官府受理了不知情交易方和失主的控告，对其中涉及的犯罪行为进行追究。

巴县档案 6-3-9800“渝中坊吴登鳌告李长荣套换糖归去匿不面案”：吴登鳌卖糖，道光二年四月二十八日早挑担经过李长荣门口，李长荣之子李发元将吴登鳌叫入家中，以锡酒壶一把换糖。当天吴登鳌带着酒壶到北碚场赶集，吴明秀看见他的酒壶，称这把壶是他家当月二十三日失窃之物。争执之中，众人商议将李长荣唤到场内，李长荣来后说壶是干戚陈老二托其代卖，答应交出陈老二，但后来陈老二匿不露面。五月初五日，吴登鳌提出控告，失主吴明秀、刘嘉全也提出控告。五月初六日李发元具禀称诬，说那把酒壶自家用了十余年。五月初十日刑房票传。此案审理结果案卷中缺。

巴县档案 6-3-9814“廉里一甲余廷荣等以套蚁误买所窃牛只等

① “嘉庆十八年五月合州谢振栋禀”：谢振栋称被刘兹华挟忿窃众名目签其为客长，自己不在该地开铺生理，请求辞退。批准。四川大学历史系、四川省档案馆主编：《清代乾嘉道巴县档案选编》下册，四川大学出版社 1989 年版，第 299 页。

情送朱二一案”：余廷荣、晏正忠各出本银六千文，合伙买卖牛只生理。道光二年七月初的一天，余廷荣等遇到朱二，朱二称家中有水牯牛一头有意出售。二人于是到朱二家看牛，议定以钱十千零二百文买牛，当时先付五千文，将牛牵走。后来余廷荣等又以此牛换得徐姓的黄牯牛一头。不料朱二的姐丈李姓称余廷荣等所买朱二之牛是从李家偷来的。八月二十日，余廷荣等向官府控告。九月十一日余廷荣禀称朱二的父亲朱文林同佃户刘大明等支使朱二逃匿，并将其窝藏。县令批示：“候唤朱文林到案讯究。”九月二十四日余廷荣等再禀称知道朱二胞弟朱疤三的下落，请求添唤，县令未知可否，仅批示：“候催差集案察究。”卷终。

这两起案例都涉及误买赃物问题，尽管线索不是官府主动发现的，但在当事人提起控告后，官府都能坚持追究，可见官府对治安问题还是颇为重视的。官府重视治安客观上也是对正常商品交易的一种维护。

七、消防管理

工商经营也有可能涉及消防问题，尽管传统社会没有电器设备这类容易引发火灾的因素，但由于竹木质建筑为主①，火灾风险或许并不比现代更少。史料记载早在道光二十九年，巴县就建立一支专业的消防队，购置了“水龙（一种手摇往复式水泵），放置在火灾高发的储奇门、朝天门一带，由夫头指挥力夫兼职救火。② 对于特定的行业，官府从消防出发会有一些特殊的要求。

巴县档案 6-4-5877 咸丰五年“本城各坊刘兴顺等以佃铺多做

① 乾隆三十年（1765 年）四月二十五日，四川分巡川东道李星耀道员“照得渝城地窄民稠，房皆竹壁，向来易遭失火……本月十七日千厮门内丁字口胡显达店房失火，本道驰往该处率同该县等督饬扑救，乃各项人役率多袖手不前。当经大声驱策，如各踊跃，併力救护，幸即灭熄。”四川省档案馆清 6 全宗，巴县档案缩微胶片，乾隆 85。

② 参见骆振宇：《清代渝城（重庆）的火灾与火政》，重庆出版社 2011 年版，第 185~187 页。

油纸生意，以揢诈卖货银勒索告杨天枢一案”：巴县油纸坊经营户原来多在城内开设作坊。油纸坊的产品是易燃物，曾经有的油纸坊由于防火不善，引发了龙神祠火灾。后来油纸坊同行公议油纸产品只能城外制作，城内销售。这个案件发生时，大部分商户已经按照要求搬往城外。但刘兴顺、刘元顺仍在城内梅子坡营业，不肯搬迁，反而于三月初七日向官府控告保约杨天枢不许他们在城内销售，需索钱文。四月十六日经讯，县令断令刘兴顺等立即搬迁。

此例中油纸坊商户之间的纠纷诉至官府，官府支持了维护消防安全的同业公议，并对拒绝履行协议的业户强制执行。通过管控火灾高风险行业，官府间接强化了消防安全的管理。

从上述事例和分析中，我们得到的总体印象是清代的巴县政府对于工商经济的主动干预集中在有可能危及社会秩序、妨害社会安全的比较有限的领域中，至于其他领域则基本上属于商人们自治的范畴，比如价格领域，除开极少数特例（前文提及的船资水平）外，几乎看不到官府有过任何干预。

结　　论

本书希望通过对清代巴县档案中的工商业纠纷与裁判的梳理，探究在传统国家治理模式中，在缺乏明确的成文法规范的情况下，地方政府是如何处理工商业相关的各类纠纷的，他们的裁断在事实上建立了何种规则。从前文的叙述中，我们大体可以得出如下初步的结论：

一、工商业纠纷裁断遵循公平原则

原则不是具体的规则，而毋宁说是一种指导思想，清代工商纠纷的裁断，如果说存在某种原则，应该是一种公平原则。

《说文解字》说“法，平之如水”。公平是中国人根深蒂固的法律信仰。当代的公平原则是民法的一项基本原则，它要求当事人在民事活动中应以社会正义、公平的观念指导自己的行为、平衡各方的利益，以社会正义、公平的观念来处理当事人之间的纠纷。当事人应当遵循公平原则确定各方的权利和义务。公平原则强调在市场经济中，任何经营者都只能以市场交易规则为准则，享受公平合理的对待，既不享有任何特权，也不履行任何不公平的义务，权利与义务相一致。

清代的公平原则和当代的公平原则有共通之处也有不同之处。共通之处在于古今公平观念均包含有“平等”的含义，古人“不患寡而患不均”；今人眼中的社会公平意味着权利公平、机会公平、规则公平、分配公平①，重点也是平等。不同在于，古人的公

① 李琨：《马克思主义公平理论的当代解读》，载《内蒙古农业大学学报（社会科学版）》2008年第2期，第268页。

平是从宏观意义上而言，实乃天下之平。《管子·形势解》一文中写道："天公平而无私，故美恶莫不覆；地公平而无私，故小大莫不载。"又有法司为天下之平的说法，"公平者职之衡也，中和者听之绳也"①。当然这天下之平最终仍需体现于微观的世俗公平上。今人的公平观却正好相反，它的出发点是个体权利，虽然也具有宏观的意义，但出发点是微观的利益。只不过这微观的平衡也必然展现出宏观的景象。

清人的公平原则在微观层面上尽管非常朴素，一如通俗的"欠债还钱"的法谚，但却仿佛暗夜中的灯火，在几乎所有纠纷裁断中都有所体现，比如损害的赔偿，这一救济手段的广泛适用不能不说是公平原则的一种体现，甚至官府对承差者的政策倾斜也是一种公平原则的适用。即使是少数案件中对弱势群体的人性化关怀，同样是一种公平观念作用下的结果。所以，尽管缺乏实定法规范，民众仍期待官府予以救济，官员也仍可以作出权衡和裁断。

二、工商业纠纷裁断遵循一系列潜在的规则

关于清人工商业纠纷裁断的依据，学界一向存在法理派和情理派，或者说裁判派与调处派之间的分歧，以黄宗智为代表的法理派认为民事纠纷（包括工商业纠纷）裁断主要依据法理，包括法律原则和法律规范，州县官的角色是法官而不是调解人；以滋贺秀三为代表的情理派则认为，地方官在民商事纠纷的处理中毋宁说是扮演着一种循循善诱的调解者的角色，依据情理说服当事人达成妥协。张渝《清代中期重庆的商业规则与秩序》一书认为，清代巴县地方官的裁断依据不仅有法律、也有行规还有情理。② 一部分研究者认为，清代民事纠纷裁断以情理为主的一个主要依据是清律准据法不足。清代的法律是一种由大清律例为主综合相关条例、则例

① 《荀子》卷五。

② 参见张渝：《清代中期重庆的商业规则与秩序》，中国政法大学出版社2010年版，第193~219页。

建立起来的诸法合体的立法体例，其中涉及民商事的法律规范非常少，大体上只有户律中钱债门“违禁取利”、“费用受寄财产”、“得遗失物”；市廛门下“私充牙行埠头”、“市司评物价”、“把持行市”、“私造斛斗秤尺”、“器用布绢不如法”等寥寥几条规定。并且这些规定也很难说是明确的规范。很多问题没有涉及，比如契约。其他买卖、钱债之类的法律中即使有所涉及，也是站在官府管理的角度上进行规范的，目的是维护社会秩序而不是保护私人权利。但是从司法档案中我们可以了解到，尽管大清律例中关于民商事纠纷的明文规定寥寥无几，但地方官在纠纷裁判中显然也并没有全然依据情理断案，在清代地方官府的审断中，通过大量类似案件的处断，实际上我们可以看到一种基于公平对价的若隐若现的裁判原则，也可以大致地得出若干在类似情况下基本适用的裁判规则。这些规则包括：非连带的合伙关系；承差与垄断的平衡；合同对价；经营权的相对独立性；侵权救济的补偿性等。

这些规则的性质不是实定法，也不能等同于判例法，但不可否认的是，这些是实实在在发挥着作用的准据法。

三、裁判规则的形成是官府与工商业者互动的结果

如前所述，清代的制定法中只有非常有限的条款涉及钱债细故，司法实践中的默示规则的来源显然主要的并非成文法的规定，这些规则应该主要来自民间，来自工商业者的日常生活。那么地方政府又是因何采纳了这些规则，并在司法裁断中加以适用的呢?

首先，政府对工商业的消极管理依赖于工商业自发形成的规则体系。传统中国一向宣称以农为本，主张强本抑末，重农贱商。早在春秋战国时期，商鞅变法就明确了重农抑商政策，禁止弃农经商；韩非子视工商之民为“五蠹”之一，抑商政策在以后历代都没有什么大的变化。直到清代中叶以前，向农民征收的田赋仍是传统国家主要的财政来源，整顿税法的努力都落脚于田赋和其他土地的附加税的征收。基于这种政策导向，政府对工商业经营抱持放任态度，既不鼓励，也不反对。工商经济中自发形成了一系列规则，

这些规则适应当时的生产力水平，符合市场规律。官府裁判工商纠纷目的只是以消极和被动的态度维系市场秩序，因此在纠纷裁断中官府对于这些规则予以了足够的尊重，官府的裁断和市场规则在大多数时候保持了一致。

其次，商人组织起着在工商业者和官府之间的中介桥梁作用，工商业者自发形成的市场规则借助行会等工商业组织反馈到地方官府，并影响地方官府对工商纠纷的裁判。清代的商人组织从巴县档案看，主要是行、会与帮①，也许其他地方还有不同的称谓，不过大体上的组织和功能应该大同小异，都是某一个特定地域特定行业的工商业者的组织。工商业户自发组成一个团体，缴纳一定费用用于集体活动，比如设立公所，祭祀共同的行业先祖等。行会不仅有凝聚行业认同的文化意义，从巴县档案中我们还能看到行会另一方面的重要作用，即维护行帮利益，排斥外来竞争。行帮作为一种垄断组织，不允许外来工商业者进入行帮固有的营业领域；在和其他相关行帮组织的利益争夺中，维护本行本帮利益。行会尽管性质上属于工商业者的自治组织，但行会也被官府视为半官方的调查机构，尤其是当遇到有关商业惯例问题，行会几乎必然地需要向官府提供咨询意见，官府对行会出具的咨询意见还是相当看重的，它们通常成为案件处理中的重要依据。对于工商业者之间发生的纠纷，一方面行帮可能成为最初的调停人和仲裁人，另一方面官府也会在诉讼过程将案件中交行会组织进行调处，因为同行之间彼此熟悉、相互了解，有利于纠纷的解决。

另一方面，官府也有维系地方政府日常运转的利益考量，这种考量使官府在尊重市场规则的同时也进行了一定的干预。清代的地方政府的日常运转在很大程度上依赖于工商业者提供的无偿劳务和物资贡献。出于保护工商业者的办差积极性的考虑，他们不免会对

① 据陈亚平：《清代商人组织的概念分析——以18—19世纪重庆为例》，载《清史研究》2009年2月第1期。十八、十九世纪，重庆商业组织的名称已多达216个，其中以行命名的32个，以帮命名的86个，有11家会馆、16个公所等。

承差者有所倾斜。在工商业者和国家的关系中，工商业者无疑属于被管理者，他们需要向国家交税，特定行业或特殊的商行为需要官府批准，同时要根据官府要求，承担差务，为地方政府的日常运转和临时性的仪式、活动提供人、财、物的支持。但是工商业者在和官府的关系中也不是完全的弱势群体，纳课和应差一方面是工商业者不得不尽的义务，另一方面也可以成为他们要求官府履行管理职责，提供纠纷解决方案的一个砝码。这一点从不少诉讼当事人的陈述中都可以看到，他们往往以“耽误国课”、“妨碍办差”等为口实，要求官府制裁竞争者，维护自己的利益。对于地方政府来说，税款征收是政府存在的基础，差务是维持地方政府正常运转的必要条件，他们在处断纠纷时固然要考虑市场规则，但纳税承差者的利益还是会得到一定的照顾。官府的干预一定程度上影响了内生于工商经济的市场规则的运转，但是尚未达到从根本上动摇市场规则的程度。地方官府在维持市场规则和市场惯例与保障官府正常运转之间势必需要保持一种平衡。从对以巴县档案为主的清代司法档案的梳理中，我们对清代的工商业者和地方政府的关系可以得到一个基本的认识，他们之间的关系不是单纯的管理和服从，统摄与从属的关系，而是一个互动平衡的动态系统。从某种意义上说，他们存在互相需要和彼此配合的地方。

在传统的公平原则指导下，尊重工商经济中自发形成的民间规则，同时结合官府的管理需要和利益诉求，清代工商纠纷的裁断看似没有规则却有一套潜在的规则，所展现出来的面貌正是这样一种无序背后的有序。